U0035590

真 正 的 幸 福 始 終 來 自 智 慧

關於
伴隨生命成長的全生教育
結婚後的我們

這是一本伴隨著生命成長的書，
無論你是為人妻、為人夫、
為人母、為人父、青年、壯年、老年，
你所面對的生命問題，
本書將會帶給你很好的答案與方法，
創造生命幸福的軌跡與歷程。

幸福必修學分指數★★★★★★   洪啟嵩◆著

●──出版緣起

　　如果將我們的一生當作無窮盡學習中的一個歷程，那麼我們這一生宛如在人間修學，而人間就像一所生命大學，充滿了創造與光明。

　　在這裡，幸福的青鳥隨著智慧的足跡飛翔，

　　生命因智慧的學習、愜意的閱讀，

　　學會了欣賞空的顏色，

　　一本書，一堂生命必修的學分，

　　當煩惱消逝，恐懼與不安成了善友，

　　即是生命學分圓滿之時。

　　生命是一個很複雜的歷程，如果說人生就是學習，把人生定位為學習，是否只是把時間花在不斷地學習，越學越多，學到最後，可能很多都用不上，最後這期生命結束了，下一世不一定用得上。就像一個很長壽的人，在古代學習製造馬車輪的技術，到了21世紀還用得上嗎？

　　煩惱，種植在我們生命最深層的地方，展露在我們生命中

最深重的習氣之中，每一個人的一舉一動都顯現出自己的煩惱。要打破自己的煩惱，就要善於觀察自己的習慣，善於觀自己的心。只有善於觀察自己的習慣與心念，才能把煩惱殼磨得更薄，最後把這煩惱打破。

學習是為了讓我們的生命更圓滿，當我們生命中有了煩惱，我們想解決與超越，所以因此來學習。煩惱會寄宿在生命中的每一部分，在莫名的地方現起。要超越它，有時光是憑空想像是沒辦法的，必須在人世間磨練，而破除它。

將人生視為學習的過程，必須清楚地知道自己為何學習之外，更是為了要消除自己的煩惱。另外，我們還可思惟：為誰學習？

我們除了消除自己的煩惱之外，一個有慈悲心的人也會希望能幫助其他人超越煩惱，得到人生的幸福，所以他為自己也為其他人學習，這樣的學習不是更有意義嗎？

我們學習構築在讓自己的生命更加的美好，並破除自身的煩惱、超越生命，建立起自己的慈悲心，當我們能幫助自己和其他的人，使大家的人生更幸福美好，這樣的學習是不是更有意義？因此，我們永遠不間斷地學習。

《生命大學》就是在這樣的想法中，所規劃出的一套叢書，我們希望透過這套書，讓大家從個個面向學習正確的想法

與觀念，讓所有的人透過正確的觀察與體悟，讓生命更加光明圓滿幸福。

祈望所有對生命增長有興趣的人，在生命過程中碰到的許多問題，藉由《生命大學》系列，幫助大家輕鬆自在掌握生命的鑰匙，並且能夠隨讀隨用。

《生命大學》系列將導引大家，了解探索生命中的美、前世今生與未來、死亡與轉世自在、決定自己的未來……等等，一切與生命相關的命題，透過每一個主題，我們宛如打開一扇扇生命大學之門。

我們建立這樣一個生命大學，它不在別的地方，其實就在我們的心中。我們的心就是自己的生命大學，它指導身體去修行，我們的心跟其他人的心連在一起，大家一起共同努力修學，這就是我們自己的生命大學。

●──序

　　《民法》中記載：人的權利，始於出生，終於死亡。生前死後，一般人也認為無法掌握，而且在生命的成長中，我們常常碰到許多的問題，如果在我們結婚之後，決定生個孩子，懷了寶寶，我們開始在胎中教育寶寶；但這還不夠，應從胎前教育開始，才有希望建立一個合理的優生學，讓高生命品質的胎兒──具足慈悲和智慧的生命，投生到人間。

　　雖然很多事情我們無法掌握，但當我們有這個因緣結婚，也希望生個孩子，也有因緣生孩子，孩子的教育問題成為很重要的課題，我認為一生的教育應當從今生胎前的教育開始，同時胎前教育可說是準父母親的教育。

　　胎教很重要，胎前教育更重要，這是完全無害的優生學。其實這不是筆者的發明，因為佛陀，早已主張並實踐這樣的方法：他選擇最適宜的因緣條件，投胎出世。現在，我希望將這樣的方法，不只是用在有自在轉世能力的胎兒身上，也應用在父母抉擇胎兒之上；使現代的父母能具有選擇愛兒的主動能

力。

　　從胎前教育、胎教，到童年、青年與成年的教育；我們學習當個好父母，伴隨著孩子成長，幫助孩子能夠解決自己的煩惱，長養孩子的佛心，引導孩子建立廣大的志向，讓孩子學習尊重一切生命，在親子的互動過程中，我們也隨著孩子一起成長。這是一所人間的大學，生命的大學，在其中我們接受完整的全生教育，充滿了創造與光明。當年齡逐漸老大時，我們也應當漸漸成熟那安詳的生命智慧。年老的過程，是再創造奇妙生命軌跡的歷程，絕不是追憶與無奈。

　　生、老、病、死、是生命的自然歷程，夫妻相互扶持走完這一生，如何保持年輕的心，老得可愛，病得莊嚴，當然是生命的重要教育。如果夫妻雙方有一方先走了，我們要建立正態度面對死亡，清楚了知死亡的世界，計畫莊嚴之死，安穩的走上死亡之路，並自在決定未來的一生，若能如此，我們這一生將會感覺十分的欣慰圓滿。

　　死亡不只要無畏，也不只要瀟灑，最重要的要能自在的往生。這時，可以安心的睡在大地，與大地母親融合為一，並充滿溫柔的微笑。

目　錄

第一章

·想要為人父母·

男人女人的世界

　　理論上在這個因緣裡，我是男人，所以不會生孩子、不會懷孕。大家可能認為男人不會懷孕是天經地義的，但是我從來沒這樣想過。男人不會懷孕，只是在這緣起裡不會懷孕，如果有一天，當女權運動發展到極致的時候，她們或許會以抽籤的方式來決定誰該懷孕，所以男性要有心理準備，也許有一天男人真的要懷孕。

寬廣的看待生命

　　我們可能會認為生命界有男有女是天經地義的，其實不然。有男有女的生命現象是一種特殊的生命現象，所以佛法中有很多說法是隨順我們這個世間現有的因緣來說，不是一定要如此。例如：我們用六根觀察世界，以眼、耳、鼻、舌、身、意觀察色、聲、香、味、觸、法，產生眼識、耳識、鼻識、舌識、身識、意識。但是不一定所有的生命都是這樣，像在深海裡的眾生就不是依照這樣的系統。

例如在深海中的魚沒有眼睛，再加上深海中沒有光線，牠是如何看呢？牠的眼睛已經退化，眼睛沒有功能了，而且不需要靠光線來覺受外物，因此牠們所看到的世界跟我們描繪的世界會不一樣。

　　因此，大家要有一個認識：我們現在看到的世界是依我們立場所看到的世界，我們描寫的這個世界及許多東西都是依人的立場來描寫，但事實上它不一定是這樣子。

　　我們以為這世界有時間與空間的相續，但這不是必然的，這是因為我們用理念裡面抽象的東西——時間、空間的觀點來看世界，所以我們看到的不是真實的現相，只是用我們的觀點所看到的世界，我們看到的只是相對的現象，就像在海底的眾生，因為沒有光線，沒有辦法發展出眼根，它的世界就和我們不同。

　　另外，像天界中在二禪天以上的天人，他們的生活條件和人類也不一樣，他們五官中缺少耳朵、嘴巴。我們看到很多佛像、天人的像都被畫成像人一樣六根具足，人類總是用自己的想法看事情，在天人的世界沒有重力，為什麼要長得像人？很明顯的是以人類的意識投射到畫上而反映出來的。二禪天以上的天人並不需要吃飯，也不需要用語言來溝通，所以不需要有嘴巴。他接受訊息也不需靠聲音，所以用不著有耳朵，畫像上

天人的耳朵、嘴巴都是我們裝飾上去的。二禪天以上的天人沒有語言符號系統，只用心靈溝通，稱為默然定，二禪天以上叫聖默然定，沒有覺醒，只有默然定。我們在緣起法中觀察世界時，如果沒有把自己放在緣起法裡面來看，是很可惜的。

人類有眼、耳、鼻、舌、身、意六種感官，但是其它世界的人不見得一定如此。像空無邊處天的人有沒有眼、耳、鼻、舌、身、意呢？事實上，他們連身體都沒有，只剩下意識，所以那個世界沒有光線，也不需要光線，它不需要用哈伯望遠鏡；我們用哈伯望遠鏡所建立的宇宙觀，在那個世界並不適用。這就是緣起，緣起不只是看外境，也要用來看我們自己。

我們現在以六種感官來相應一切，像佛法中利用六根來修行是依據人類的因緣而來的，所以才有男人與女人的差別，這是在此世間因緣條件之下發展出來的特殊現象，它不是必然的。

所以同性戀者不過是另一種人類而已，如果有人把同性戀視為一種病症，那麼這個觀念恐怕要稍微更寬廣一點。如果照人類生命的發展來看，第三性也是有可能的，第四性也有可能，人類如果有這樣的需求，將來第五、第六性也有可能產生，有時候是男是女，有時候同時是男是女，這都有可能。

決定生孩子之前

如果有這樣的因緣——我們決定要生孩子，生一個好孩子。我並不是鼓勵大家生孩子或不生孩子，而是說有這種因緣的人，也想生一個好孩子，這些人可以怎麼進行。不見得每一個人都要生孩子或不生孩子，這是個人的抉擇，自己決定的。

決定生孩子之後，我們再想想：是隨隨便便生一個孩子，還是糊里糊塗孩子就出生了？或是因為懷孕很有成就感，就懷孕了？如果孩子是這樣出生的話，我建議這樣的父母親對孩子的要求可以少一點，因為你並沒有好好替孩子想過，沒有設法生一個好孩子。

設計生一個好孩子，不是扮演上帝的角色，下一個指令就好，生出來不滿意就丟掉，不是這樣的。而是我們努力創造好因緣，但出生之後無論如何要接受他。未出生之前，最好懷有大志，發願生一個佛菩薩之流的高品質生命。

「高生命品質」和傳統的優生學有什麼不同呢？一般的優生觀念多把注意力集中在智力或某一種特殊才能上，希望能培育出一個天才兒童。但是，我們卻忽略了這樣的生命是否真的幸福？是否真的能造福其他的生命？或是利用其超乎常人的智商來破壞人間？

歷史上許多偉大的天才的確是過著比一般人富裕、風光的

生活，但是他們快樂嗎？「音樂神童」莫札特年輕時就重病纏身，父親去世之後，生活更是落魄，還患有嚴重的憂鬱症，在三十五歲時就與世長辭。沒人知道他怎麼死的，有說死於尿毒症，也有說他是服毒自盡的。「樂聖」貝多芬和莫札特一樣，在父親的極力培育下創造了許多動人的樂章，但他的生活也不甚如意，一直有酗酒的習慣，五十二歲時染上黃疸病，五十七歲去世。

歷史上許多天才的一生，的確是有風光的日子，但當這些因緣散去時，他們卻又往往比一般人更禁不起這個打擊，終至潦倒窮困，悲慘地老死、病死。

對於創造這些天才們的父母之努力，的確使人深深敬佩。但是，我們在投入這麼大的努力之前，是否應該先想想：造就出這樣的孩子，到底是幸或不幸呢？也許有人會說：「這種不幸也許是造就出這些偉大人物的因緣之一吧！」如果真是如此，我們便不禁要重新省思「偉大」的定義，如果建造「偉大」的代價是將人推至悲慘的境地，那麼這個「偉大」已經變成一隻魔獸了。

我們造就出天才兒童，為的是什麼？是真的為了孩子好？還是將孩子的才能拿來當做自己炫耀的工具？培育一個資質優良的寶寶並不是錯誤，但是我們看到歷史上這麼多不幸、早逝

優生學是注入悲心與智慧來招感高品質的生命入胎

的天才，是否要再對「資質」重新定義？完整的優生學，比培育才能更重要的，應該是孩子的慈悲、智慧，真正能使他及周遭有緣的眾生能逐漸增上、圓滿，能解脫自身的煩惱及眾生的煩惱者，才是根本的旨要。

優生學觀念的提昇

真正的優生學是要從因緣法中來產生的，在未懷孕之前，我們不斷注入慈悲、智慧的因緣，提升我們心靈的品質、身體的健康，來招感相應的生命入胎。所以，胎前教育可說是準父母親的教育。

生命會相聚，都是有因有緣的。對一般人而言，我們的相聚都是一連串的恩怨情仇。但是，如果我們了悟如幻，能夠隨順法性的寂靜，那麼我們就超越輪迴解脫了。而一個菩薩行者並不以此為滿足，還要還入紅塵中，再從大覺中出生，大覺是從無生中出生，這是菩薩的大悲如幻行。

像菩薩這樣的生命是如何來受生的呢？如果可以依循一個偉大成就者的投胎情況來學習，觀察他們如何來投胎、成就，能夠依循著這樣的方法，或許我們也能夠有個好胎兒。

如果我們和自己的先生或太太在今生決定要生寶寶，也可以參照諸佛菩薩們選擇父母的條件，讓自己的身心狀況朝著這

方向來調整，感得相應的孩子受生。

所以，胎前教育不是單向的，而是父母親和孩子必須共同接受的教育。如果父母親的福德具足，而前來投胎的中陰（神識）卑下，這樣的事情是不會發生的。同樣的，如果雙親下劣卑賤，又不努力培具福德，卻希望有個大福德的中陰來投胎，這樣的因緣也不具足，這是空想、妄想，不可能達成的任務。

我們要有正確的觀念，如果想生一個大福德的孩子，必須善觀因緣果報，也就是我一直努力提倡的精進因果觀：

第一是堅信因果，破除無因論、宿命論等錯謬的觀念，堅信如是因、如是緣、如是果。因為我們以前種下輪迴因，所以有輪迴果。現在我們想要解脫，就要種下解脫因，求解脫果；若種菩提因，必得菩提果；種無上菩提因，得無上菩提果；種金剛清淨因，得金剛清淨果。

再來，我們要接受事實，現在已經發生的事，接受它，雖然我們的智慧不足，不能現前了知宿世的因緣，但因為堅信因果的緣故，深信有如是果必定有如是因緣，接受它，可以減少抗拒、不平所消耗的力氣，也不會怨天尤人，或因此再造惡業。有些因緣是可以分析出來的，有些則不是今生造成的，有可能是很久很久以前種下的因，現在才結果。有些可以推論得知，了知後我們立刻改正它。有些是很難觀察到的、很深層、

很微細的習氣在影響我們，這都沒有關係，重要的是先接受事實，再進行下一步：永不認命。

永不認命，是在事情沒發生之前，永遠努力地注入好的因緣、清淨的因緣來改善它。真正堅信因果的人是絕對不認命的，事情發生了，立刻接受，並在此立足點上往上發長，為尚未成為發生者而努力，這就是願力，才是從理到事完全圓滿。

中國人多把宿命觀誤當為因果觀，今生受到不平之事，嘴巴上說認命，心中還是不平，只是硬生生地忍回去，這樣的忍是在儲備能量，只會讓我們的恩怨情仇糾纏得更深，來世一反被欺凌的角色，變成欺壓者，這是創造惡因惡果，創造輪迴。

正確的因果觀是要讓我們解脫輪迴的，認清生命現在的輪迴，並決心不再繼續輪迴，決心超脫，從染污再還到清淨，這是還淨的過程，是超越輪迴的正途。

對於很多事，我們往往不了解都是因緣所成，而以為它是天經地義的，告訴他是「因緣所成」，他又執著其中一個因緣相，這樣只有繼續輪迴下去了。

我們回頭看一看自己現在所成就的一切，哪一樣不是因緣所成？有這樣的認知，才不會執著有一個永恆不變的錯誤觀念，這才是善觀因緣果報。

決定生個孩子

決定生什麼樣的孩子

我們決定要生一個孩子，這個決定是隨順個人的情緒、喜好呢？還是隨順覺性？

有人會想：最好是生個女孩子，比較溫順乖巧，又會照顧家裡，還可以和我們聊天。也有人說：我要生一個孩子，好好培養他，讓他繼承我的一切。如果生孩子只是為了讓自己滿意、舒服，這是隨著自己喜好的成分居多來生孩子。

如何是隨順覺性呢？最好是發願生一個圓滿理想的高生命品質孩子，能夠幫助利益其他的人、讓眾生的生命成證圓滿的孩子。這就是隨順覺性。

如果有佛教信仰，可以選擇與自己有緣的佛菩薩，祈願生一個高生命品質的寶寶。在我們所生存的世界中，最理想完美的生命典範，恐怕是釋迦尼佛，所以高生命品質的寶寶，可以指稱為佛寶寶。如有人偏好蓮花部族的，也就是阿彌陀佛、觀

音菩薩，男孩具福德智慧，女孩則是端正相好，充滿悲心。如果想生一個將來具足威勢、財富，能幫助眾生的孩子，可以選擇寶生部族的佛菩薩。如果沒有特別的想法，祈請佛菩薩決定，也是可以，對我們常禮拜的那位佛菩薩不斷地祈請。如果要積極地建立這個因緣，可以選擇前者。這樣的方式是相應於很多菩薩都志在轉世，但老是佛菩薩在挑選我們，現在反過來，我們採取積極的態度，由我們來選擇。

如果每個人都有想生一個高生命品質寶寶的志向，那麼我們的世界會越來越好，根據經典上記載，未來的人間淨土大約在五十六億年後，法王為彌勒菩薩，如果我們大家都能發願生一個佛寶寶，也許人間淨土二十九億年以後就可以實現了。

如果決定要生孩子的人，而且對佛法有興趣者，可以選擇一位自己喜歡的佛菩薩，以最清淨的願、最大的努力來實踐，甚至可以期望懷一個佛陀，這或許不可能，但寶寶還沒出生之前，我們都可以努力，這就是有願無望，我們要有最大的願、最小的望。

如何生個高生命品質的寶寶

當我們決定要生什麼樣的孩子之後，就要相續祈願，不斷發心，但是不要有未來心，願要發的很大，但不要想著：「將

決定生一個高生命品質的寶寶

來如果沒有這樣怎麼辦？」因為我們對孩子的責任不是只有胎前這段時期，還有出生以後到長大的教育，給他最好的條件，努力地幫助他，千萬不要因為他沒有完成我們的希望，我們就給他很大的壓力、處罰，或過當的處置。

由此我們可以知道，菩薩畏因，眾生畏果，我們要具足什麼樣的因才可以使胎中的孩子成就？在胎前如何建立？我們要想清楚，千萬不要到果報現前時才後悔。

現在將祈請生個高生命品質佛寶寶的要點簡述一次：

我們先決定佛寶寶的緣起、體性，這包含德性、外相二者：他屬於何種種性？是智慧種性，可以以密教五方佛來分，是屬於具足財寶、廣大威力的種性、勢力廣大的種性，還是悲心廣大的種性、智慧強大的種性，都可以。或是以六大菩薩的觀點來看，是悲——觀世音菩薩，是智——文殊菩薩，是願——地藏王菩薩，是行——普賢菩薩，是力——大勢至菩薩，是慈——彌勒菩薩。

決定他的種性之後，再來決定他的外相，希望他將來長成什麼樣子。所以，胎前、入胎後，用來修持、觀想的佛菩薩塑像及畫像是很重要的，要選擇很莊嚴、很圓滿的才好。

一旦我們決定好那一位佛菩薩，我們可以選擇莊嚴的法相隨身攜帶，以便隨時觀看，記得自己決定的佛寶寶，並且向佛

菩薩學習。一般人身上帶著佛菩薩的法相，都是希望隨時的受到佛菩薩護佑。其實，我們想想這樣的做法，是不是有點像請佛菩薩一天到晚跟著我們當我們的保鏢？雖然隨身帶著佛菩薩法相是好的，但是我們應該更超越這樣的想法。

佛菩薩是我們學習的對象，因此當我們心中開始生氣、開始憤怒時，就拿起隨身攜帶的法相，看著佛像想想：如果是這尊佛菩薩遇到這種狀況會如何？在心中念著其名號。慢慢地，我們就不會隨著情緒而走。帶著佛菩薩的法相，主要是把他當做我們尊崇、學習的對象，而祈望他守護我們，這是附帶的，如此守護的力量反而會增強。同時在這樣學習的過程中，我們的胎兒也一起學習。

也許有人會問：「那上廁所、進房間怎麼辦？是不是暫時不要念佛比較好？」這倒不一定，看自己的抉擇，看自己境界如何。我們看看古德的作法：

有位禪師到大殿上忽然咳了一口痰在地上，知客師急忙阻止他：「這麼清淨的地方，怎可吐痰？！」禪師也很不好意思地回答：「對不起，請問那裡不清淨？」要是我被問這問題，我一定指指自己，因為是我看到不清淨。

這是一種態度，不一定怎麼做才對，要看自己的境界。此外，大家想想：釋迦牟尼佛會不會上廁所？他進到廁所會不會

嫌它又髒又臭，不願意再去了？我們要想清楚，但這不表示鼓勵大家把法相帶進廁所——這是個人的抉擇。如果有人會不好意思，也可以用持名號來代替帶法相，佛教並不是一開始就有佛像的，是後來佛陀到其他地方說法，佛陀不在時大家思念佛陀，才畫佛像、造佛像的。佛陀他也許可這樣做，但他希望大家不只停留在世間意義上，要更超越。

就像禮六方童子——善生童子，他的父親過世之後，他就謹記父親臨終時的交代：每天向六方禮拜——雖然他不知道禮拜六方的意義。佛陀告訴他：禮敬東方即是禮敬父母，南方是師長，西方是妻婦，北方是親族，下方是僮僕，上方是沙門婆羅門，這樣配置之後，讓空洞的儀式產生了新的意義。

本來善生童子並不知道禮敬六方的意義，只是表現他對父親的孝思而已。所以佛陀就重新詮釋禮拜六方的意義，童子也依此儀軌而修持。

如果我們有這個好的緣起，隨身攜帶莊嚴的佛像、佛卡，就可以依此緣起學習佛菩薩的特德。

如果我們剛好有需要生孩子的因緣，也決定要生育，就可以憶想最相應的佛菩薩，讓將來的孩子趣向於此。

但在依法修持、祈求時，我們要注意一點：雖然我發願要如此，也努力做了，但事實如何呈現，則要接受這樣的結果。

懷孕前準備好母胎

我們決定生一個蓮花部族，或像觀世音菩薩那麼莊嚴的孩子，來偉大地護衛著眾生，或選擇其他佛菩薩，決定之後，相續地祈請，向這尊佛菩薩祈請。想生一個極樂世界、蓮花部族的菩薩，我們不斷祈請，不斷修持阿彌陀佛或觀音的法門，念誦他的名號、法要、經典。

不必等懷孕之後，而是在結婚之後，兩個人商量好，就開始著手進行。雖然孩子不在爸爸的肚子裡，孩子和媽媽的也關係比較密切，爸爸也要負一半的責任，所以最好是二人同時開始不斷修法、不斷祈請，心念相續，先將母胎準備好。

因為父母修持的緣故，護法將會幫忙把其他不當的因緣遮住，因為父母交合時，很多中陰身要搶這個胎，護法會協助將非緣、不好的中陰摒除。

在中國，很多稗官野史都有這樣的記載，但是我們都不知道如何運用。如《濟公傳》中描寫其母拜觀世音菩薩，其中一尊羅漢像就倒了，假裝下凡，這些描寫，有的是俚俗了些，有些也不合乎佛法。有些版本則是說在李夫人胎兒生下來哇地哭出聲時，某位高僧同時入滅，這是不對的，神識是在受精的剎那就已經在裡面了，只是偶爾還可以出來玩，沒有人一面活著，一面投胎的，除非是很大的力量，那是千百億化身，以意

生身去投胎，是大成就者，一般不會死時同時出生，而是在受胎的剎那已經投胎了。

生佛寶寶的條件

當我們決定生佛寶寶時，除了發願祈請之外，還要了解佛寶寶來投胎的條件，最好的例子就是釋迦牟尼佛降生人間的例子。

釋迦牟尼佛未成佛之前，為最後身菩薩，居住在兜率天宮，當他要從天上降生人間時，首先做了四種觀察，就是：時機、土地、種族、生處。

首先觀察時機，什麼時候人間適合佛陀誕生呢？在佛法中以「劫」來表示時間單位，一增劫和一減劫稱為一小劫。增劫是指人壽從十歲起，每過一百年增加一歲，一直到人壽八萬四千萬歲。接著就每過一百年減少一歲，一直到人壽只有十歲，這段時間是減劫，這是一個大概的說法，但宇宙並不是這麼固定的變化，這是以一個簡單的規則來觀察大變化，所以會有些出入，但整體而言的趨向是如此。

壽命多長的眾生適合修行呢？如果人壽長到八千歲，大概沒什麼人想修行，因為活得太長了，不易感受到生死的無常，以為時間多得很。只能活十歲的壽命，也不是修行的好時機，

好不容易有聽聞佛法的機會，要修行時已經來不及了。當釋迦牟尼菩薩要下生投胎時，當時的眾生壽命大概在一百歲左右，很容易感受到生命的無常，也還有時間修行，是很恰當的時機。

接著觀察出生的國家，在兩千五百多年前，有兩個地方的精神文明已經有高度的發展，一個是印度，一個是中國。當時的中國和印度相較之下，又顯得太重視現實了，而且印度文明已經建立了梵我的思想，把一個深層無知、無常化的世間建立了一完整的架構，還有很實際的修法。他觀察到人類渴望無限自由的需求，於是建立了「梵」的觀念。在時間上，相對於人們渴求相續無盡，它建立「常」的觀念。在空間上，人們希望不斷地擴張，所以它建立了「我」的概念。為了滿足人類這三個需求，而建立了「梵我合一」的修法，把人類從無明中所產生的強烈趨力，建構成一個完整的體系。

這時，佛陀如果誕生於此地，剛好可以把這個架構打破，當時的修行人在平時的修持基礎上，已具相當程度的智慧和定力，如果在根本的見地上一扭轉過來，往往就證入聖者之流。

如果佛陀當初投生在阿里山的話，可能只能跟猴子講話，和牠們說佛法牠們也不懂，也沒有機緣。如果投生在非洲還有一點意思，當時的非洲文明比美國還高，美國在那時是屬於比

較蠻荒的地方，今天當然不可同日而語，這就是無常。在蠻荒地區的眾生，他們的生活只是為了單純目的──生存，無法更深入探索生命更向上一層的目的，所以也非宣導佛法的適當之處。

地方決定之後，接著要觀察種性。因為當時的印度人分為四個階級：婆羅門、剎帝利、吠舍、首陀羅。因為雅利安民族非常敬神，常舉行祭祀，並有許多繁瑣的儀式，於是產生了以祭司為專業的僧侶婆羅門；剎帝利是指執掌國家政治、軍事的士族；農、工、商等平民百姓稱為吠舍；被征服的荼盧毘族受人輕賤，從事卑下的職業，稱為首陀羅。

如果要具足宣揚佛法的力量，投生於吠舍、首陀羅兩個種性是不適合的，阻力比較大。婆羅門階級雖然有很高的社會地位，但宗教的包袱太大了，如果出生於婆羅門，他就必須為此種性的利益來說法，若宣說不同的義理，所遭到的壓力也是很大的。最後，他選擇了剎帝利階級，因為剎帝利族受人崇敬，擁有獨立的軍事、政治力量，且比較沒有宗教包袱。

種性決定之後，再觀察生處，就是觀察父母，什麼樣的父母具足懷生菩薩的福德呢？

在《大方廣大莊嚴經》卷一中如是說：

其王之聖后　千妃中第一　端正無倫匹　故號為摩耶

容貌過天女	支節皆相稱	天人阿修羅	覩之無厭足
清淨離諸過	而無穢欲心	言詞甚微妙	質直復柔軟
身體常香潔	一切無可惡	含笑不頻蹙	知法具慚愧
無憍慢諂曲	及以嫉妬心	離邪淨諸業	行慈好惠施
世間女人過	其身悉超越	一切諸天人	無有能踰者
具足諸功德	宜應懷大聖	曾於五百生	恒為菩薩母
其王亦如是	多生以為父	母請持禁戒	經三十二月
梵行積威德	其身常光明	聖后所遊履	斯處自嚴飾
天人阿修羅	無能欲心視	一切咸親敬	如母如姊妹
以此清淨業	威儀比聖賢	令王擅名譽	粟散咸歸伏
功德兩相稱	是為菩薩母	更無諸女人	堪為佛母者

經文中所讚歎的就是釋迦族的淨飯王及其王妃摩耶夫人。摩耶夫人具足了女人最好的優點，質直柔軟，言辭微妙，身體常香潔，沒有憍慢諂曲以及嫉妒的心，具慚愧心；當然這樣的優點，也是大家學習的典範，不僅女人應學習，男人也可學習這些好的品格。具足這些品性，想要生下高生命品質的寶寶機會比較大。

釋迦牟尼菩薩觀察思惟之後，從兜率天降生投胎。其中有一個重點要注意，在投胎的過程中，他是「不失正慧」的。一般眾生投胎時，都是以染垢的心投胎，與一切邪慧相應，也就

是和歪邪、扭曲的智慧相應，和分別心相應。菩薩不同，因為其正念不失，所以整個過程他都很清楚明白、自主地入胎、住胎，乃至出胎，三事清楚。一般人如果能三事清楚，自然會發起宿命通。

菩薩從初入胎到整個住胎期間，出胎的過程，完全正慧不失，清楚明白，而一般人入胎時以染垢心入胎，見到父母交和，如果貪愛父親的，則生為女身，如果貪愛母親的，則生為男身。

如《大寶積經》卷五十五所說：

所謂父母和合之時，若是男者，於母生愛，於父生瞋，父流胤時謂是己有。若是女者，於父生愛，於母生瞋，母流胤時亦謂己有，若不起此瞋愛心者，則不受胎。

這是一般人受胎的情形，菩薩則不然，他不會用染垢、分別對待的心來入胎，他是完全清楚自在的，了知父母親的恩惠，能如實照見，慢慢出生，得到成就，最後廣度一切眾生，具足三十二相八十種相好莊嚴好，他不從別處生是從大覺中出生。

我們看了佛陀降生的典範，所得到的啟發是：我們除了可以了知菩薩投胎的觀察，投個好胎外，更積極讓自己具足吸引好胎的條件。有人認為怎麼可能做到像菩薩一樣，事情是這樣

子的，如果認為自己沒有辦法做到的話，那就一定不可能做到了。古德把這種心態稱作「下劣想」，因為這樣的下劣心限制了自己成就的機會。

這是很大的障礙，還沒生起精進心時，就生起過去心。說自己「不敢」、「不能」像菩薩一樣的人，看似很謙虛，其實是違反佛法的。如果每個人都不敢成佛、不願成佛，這不是違反學習佛法的目的嗎？學佛不是要學習跟佛陀一樣嗎？我們成天說學佛，只是空口說說而已嗎？

日本的創價學會，我們姑且不論其條件是否具足，或是否具備菩薩的發心和精神，但是他們的會員都認為自己是《法華經》中的從地湧出菩薩。

所以我們在基本的心態上，要接受自己目前的不圓滿，但永遠不退失趨向圓滿的決心，精進不已，讓自己逐漸圓滿。

準備孩子入胎

　　當我們決定生個孩子，而且有因緣可以生個寶寶，就開始準備孩子的入胎。首先我們要了知的是：其實在受胎的那一剎那，寶寶已經安住了，而不是孩子生下來時才有神識。

　　在《佛說大悲空智金剛大教王儀軌經》，就明白地告訴我們：「是等義類說名聖胎為遊止處，若人心離貪等，設處胎藏如被法服，觀所生父母即諸佛母，慈愍訓育、曲躬禮敬如親教師。」所以受胎時要注意：如果能遠離貪欲，那麼我們就是聖胎的遊止之處。胎兒在胎藏時就是穿著法服，觀察自己的生母，就如同眾多的佛母慈憫地教授他，就像是和尚、親教師來教育們。這也是我們與寶寶互相之間最好的方向建立。

　　所以入胎時，我們如果能夠具足智慧、願力、悲心、正念相續，就比較容易迎請高品質的生命來投胎。

受胎的條件與過程

　　受胎的那一剎那是很重要，對一般人而言，母胎要具備三

個條件，才能入胎成就；第一個條件是：母親的身體當時要十分的調適。第二個條件是父母交愛和合。第三個件是受精卵正現在前，佛教的說法就是欲界的中陰身正現在前，這三個因緣條件具足，寶寶才能安住在母胎。

除了大修行者，一般人在交合時都是有欲望的，所以如果想懷孕，盡量將自己的欲望降低，以空性將貪欲昇華。要求一般人沒有欲望而生孩子是很難的，很多人都是為了自己的歡愉。所以我們能做的，就是在欲望生起時，盡量保持我們的願力，正念相續，不只是一種貪愛、不是只想取悅自己而已，如此佛寶寶比較容易安住。

所以有福德和沒有福德的中陰，在入胎時也有不同的情形，在《大寶積經》卷五十五記載：

其無福德者覺觀心起，所見境界便作是念：「我今值遇風寒陰雨，大眾憒鬧、眾威來逼，便生恐怖，我今應當入草室及以葉室，或隱牆根，或入山澤叢林窟穴。

復更生於種種諸想，隨其所見，便入母胎。大福德者亦生是念：「我今值遇風寒陰雨，大眾憒鬧、眾威來逼亦生恐怖，即上高樓，或登大閣，或入殿堂以及床座。」亦生餘種之想隨其所見便入母胎。

像在死後的七七四十九天內，越晚投生的中陰所見到的景

象會越來越不好，惡業會現前，而且化做許多恐怖駭人的外境來相逼迫。

所以較沒有福德的中陰，遇到外境逼迫，就只想隨便找個地方棲身，所投入的母胎也是比較卑下者。同樣的，遇到外境逼迫，較有福德的中陰自然會想要到比較好的地方棲身，如高樓、大閣、殿堂，所入的母胎也是有福德者。

如果大家有興趣，可以參閱《大寶積經》五十五及五十六卷，了解在胎中的過程。

經中說：「若有眾生欲入胎時，因緣具足，便得受身，若不具足則不受身。」

什麼是不具足呢？「父母赤白和合，或前或後或而不俱時」，就現代話而言，就是父母精血卵子、精子無法配合，時間不對，或不是受胎的時間，也就是在「安全期」而無法受胎。「或身中各有諸患」，即身有疾病，可能是父親或母親生病。

「其母胎藏或患風黃血氣閉塞，或胎閉塞或肉增結，或有醶病或麥腹病……」母親因各種疾病而使中陰無法入胎。

「若父母尊貴，有大福德，中陰卑賤」，如此也不能入胎。「或中陰尊貴，有大福德，父母卑賤」，這樣也不行。所以，我們希望生一個佛寶寶，就要好好修持，培具自己的福德

受胎的那一剎那要安住在正念中，不只是貪愛取悅自己

資糧。如果從婚前、懷孕前就開始篤行實踐，要不生個佛寶寶
也難。

「或具福德無相感業，若如是者亦不受胎。」這是說父母
或投胎的中陰具福德，但沒有可相感的業報。要如何招感現前
的業報呢？要憶念、持誦、觀想，這就是現前的福報。

佛寶寶入胎的瑞相

一般的中陰入胎和大菩薩入胎有什麼不同呢？一般中陰的
形體和五六歲的小孩子一樣大，欲界天天神中陰是金色，色界
天是白色，如果是像燒過的木頭一樣黑黑的，大概是餓鬼道，
如果有煙霧，很可能是地獄道來的。

菩薩的神識不一樣，是現出已經成長，莊嚴殊勝的相，但
並不是每個人都可以看到，所以有時就以瑞相來示現。像釋迦
牟尼佛在其最後身菩薩，要從兜率天降生時就示現瑞相：

菩薩的母親摩耶夫人當時正持守八齋戒，在床上躺著休息
時，忽然做了一個奇怪的夢。

她夢見四大天王將她睡著的臥榻整個抬起，來到雪山上的
大平原，名為「悅意石」，平原上有一株大沙羅樹，四大天王
王妃安置在樹蔭下，由天王的妃子們為其在阿耨達池沐浴更
衣，除去人間的垢穢，並以天花莊嚴其身。又在附近白銀山中

的黃金宮殿中，朝東地鋪好天人的臥榻，請摩耶夫人臥在榻上。

接著，她看見一隻潔白的六牙巨象從黃金山上走到白銀山來，牠銀色的鼻子上還執著一枝白蓮花，高吼一聲，進入黃金殿後，在摩耶夫人的臥榻右繞三匝，從她的右脅鑽進去，安住在胎內。

這個瑞相，是否說明佛陀是六牙巨象投胎的呢？不是的，示現六牙巨象的瑞相，是因應於當時印度人的思惟。所以佛陀的父親淨飯王請婆羅門解夢，婆羅門就告訴他：這是王后懷妊的瑞相，而且懷的是個男孩。這個孩子將來如果在家過世間人的生活，將會成為轉輪聖王，如果出家修行，將會是成為引導世間眾生覺悟的佛陀。

一般人的境界不夠，不能確實知道什麼時候受胎。但是無論如何，在決定要生寶寶之後，我們就要不斷祈求三寶、護法、空行的護佑，遮斷非緣的中陰來受生，使如緣的佛寶寶來受生，這是很重要的。

如何當個好孕媽咪

觀想母胎是一個宮殿

我們要準備一個好的生活空間來招感好的投胎，母親們可以觀想自己的這個母胎宛如一個宮殿，也就是清淨的胎藏的意思，能含藏一切諸佛。這樣有利於招感有福德的中陰入胎。在經典中記載：菩薩的神通廣大，所以處於母胎時，感覺就像住在宮殿中，一點都不狹隘，就像維摩詰菩薩的丈室，那麼窄小卻可以容納整個世界。菩薩在其中自在受用。

在密教中，有所謂的「金剛界」和「胎藏界」。胎藏界的全名是「大悲胎藏身」。母親在懷孕時，她對胎兒來講就是法界，胎兒在母胎中是一個宇宙，母親以大悲來出生胎藏，以大悲來含藏胎兒，所以母親要常保慈悲、智慧、不執著，悲、智不斷交融，就如同乳糜一般，在中陰入胎時，不斷以智慧乳、慈悲乳來灌注給他。如果以二百八十天左右的懷孕期來算的話，他在未出生之前，已經在胎中修了二百八十天，而且沒有

想母胎宛如一個宮殿，可以招感好的投胎

什麼干擾，母胎就是他的淨土，這是很殊勝、難得的。

　　大悲胎藏，有含藏、保護、蓋護攝持之意，如果我們想生一個觀音寶寶，就要觀想自己是大觀世音菩薩含藏著小觀世音菩薩。我們要了知自己所含藏的是聖胎，所以要當他的外護，好好保護他，使他不受任何染污，讓寶寶在其中慢慢修行、成就。

　　初始的胎識進來的時候是屬於中陰的意識，所以，如果我們做莊嚴的觀想，對胎兒的幫助會很大。

　　我們觀想母胎猶如高廣的宮殿，在持誦佛號、經文時，可以想像是在母胎裡持誦，宛如處於蓮胎之中，如極樂世界的蓮胎，是含藏的胎藏，出生一切諸佛的曼陀羅壇城。而安住於其中的佛寶寶，我們把其觀想成自己選定的菩薩。想生一個觀音寶寶，就想一尊小小的觀音菩薩安住胎中，想生文殊寶寶的，就觀想小小的文殊菩薩安住於胎中。這樣對胎兒是有很大的幫助。

成為摩耶夫人或佛母的因緣

　　摩耶夫人生生世世為佛陀的母親，她是為人母親的典範，想要生佛寶寶的我們，看看摩耶夫人生生世世為佛母的因緣。在《華嚴經》卷第七十六中，清楚的描述著：

在久遠不可思議劫之前，連最後身菩薩的神通天眼也不能知的時劫之前，那時，有一時劫名「淨光劫」，其中有須彌德世界，每座高山都有五種生趣的眾生雜居其中，國土都是眾寶聚成，清淨莊嚴，沒有任何穢惡。那時有千億個四天下，其中師子幢四天下，有八十億王城，內有一座自在幢王城，這劫的轉輪聖王名叫大威德王。在這王城的北方，有一處滿月光明道場，守護道場的是慈德道場神。

這時，有位離垢幢菩薩，安坐在道場中，將要成就正覺時，有一個名叫金色光的惡魔，與無量的眷屬一起來到道場擾亂，大威德轉輪聖王因為已證得菩薩的神通自在，於是就化作數倍於魔眾的兵將，圍繞道場，守護離垢幢菩薩。諸魔看見之後，驚惶恐怖，都各自奔離逃散，所以離垢幢菩薩得以成就無上正等正覺。這時，慈德道場神看見之後，生出無量歡喜心，就發願要成為大威德王的母親。於是頂禮佛足之後，就發起如此誓願：「不管這位轉輪聖王在哪裡受生，乃至成佛，願我都能做他的母親。」她發起這個誓願之後，又在這個道場供養了十那由他數的佛陀。

那時的慈德道場神現今的摩耶夫人，大威德輪聖王則是毘盧遮那如來。從摩耶夫人久遠劫前發誓以來，大威德轉輪聖王也在十方國土、一切生道中處處受生，種諸善根，修菩薩行，

教化成就一切眾生，乃至於示現最後身菩薩，都常為摩耶夫人之子。十方世界無量諸佛將成佛時，都投胎在她的腹中，於中大放光明，照夫人之身及所住宮殿屋宅。因為她已成就菩薩的大願智幻解脫門，所以能常做一切菩薩的母親。

摩耶夫人在淨飯王宮，釋迦牟尼菩薩將要下生時，她看見菩薩身上的每一根毛孔都放出一切如來受生功德輪的光明，每一根毛孔，都示現不可說不可說佛剎微塵數的菩薩受生莊嚴境界。每一種光明，都普照所有的世界。這種種光明普照世界之後，又進入其頭頂，乃至身上所有的毛孔。在那些光明中，普遍示現所有菩薩的名號、受生的神通變化、宮殿和眷屬，以五欲五塵自相娛樂，又看見菩薩出家，前往菩提道場成就正等正覺，安坐師子座上，有菩薩前後圍繞，還有諸王供養，如來為大眾轉正法輪。又看見如來在往昔修菩薩道時，恭敬供養諸佛，發起菩提心，清淨諸佛國土。念念之中都示現無量的化身，充滿十方世界，乃至於最後證入般涅槃。

在懷孕時，摩耶夫人的身體產生了奇妙的變化：她的身體外形看起來雖然和原來沒什麼兩樣，但實際上已經超過所有的世間，已等同虛空，能完全容納十方菩薩受生的種種莊嚴宮殿。當菩薩從兜率天宮將要降下神識時，有十佛剎微塵數的菩薩，都與菩薩發起相同的大願、相同的行持、相同的善根、相

同的莊嚴、同樣的解脫、同樣的智慧，諸力法身、色身，乃至普賢菩薩的神通、行願，皆完全一樣，無二無別，如此的菩薩前後圍繞，又有八萬龍王等，一切的世間主都乘坐他們的宮殿前來供養佛陀。

菩薩這時以神通力，與眾多菩薩示現所有的兜率天宮，每一宮中都示現十方世界閻淨提內的影像，以方便度化無量的眾生，使眾多菩薩都能遠離種種懈怠，無所執著。又以神力放出大光明，普照世間，破除種種的黑暗，滅除種種苦惱，使眾生都能明白、辨識宿世所有的業行，永遠出離惡道。

菩薩為了救護眾生，就普遍示現在他們面前，做種種神通變化，示現這種種奇特的事。一切的菩薩與眷屬都進入摩耶夫人的身中，在她的肚子裡遊行自在，有時以三千大千世界而做為一步，或以不可說不可說佛剎微塵數世界當做一步。念念之中，又有十方不可說不可說世界的如來處的與會菩薩，以及四大天王、三十三天，乃至色界的諸位梵天王，為了看看菩薩處胎的神通變化，都前來恭敬地供養，聽聞受持正法，於是也都進入摩耶夫人的身中。

他們雖然都在她的肚子裡，奇怪的是，夫人的肚子卻能完全容受這廣大的眾會，身體雖沒有變得更廣大，卻也不會覺得迫窄。

這是摩耶夫人為懷孕的母親們示現的好典範，讓母親們了解如何成為好孕媽咪。摩耶夫人生生世世都發願成為佛母，這可能是最重要的關鍵，讓自己發起心願要成為佛母，祈願生個高生命品質的佛寶寶。

　　當我們發起這樣的誓願，我們的心行就會慢慢趨向這個心願，使自己成為一位好孕媽咪。

如何守護胎兒

當胎兒安住時，我們就要開始守護胎兒，盡可能的配合，讓胎兒擁有一個良好的生活空間。所以改變不良的生活習慣，是最直接守護胎兒的方法。

改變不良的生活習慣

在懷孕期間，我們要減少自己不良的生活習慣，儘量使自己的身心得到很好的利益，遮斷一切惡業及不當的飲食。

尤其是毒品、迷幻藥等，毒品平時即不應食用，何況是懷孕時期，任何有害的物品、刺激物也是一樣，即使是因為生病需要就醫、服藥，都要和醫師溝通，小心使用藥物。

如果有抽菸的習慣也要改進，科學家們曾用超音波作過實驗，觀察母親吸菸時胎兒的反應：當母親連續吸完兩根香菸後，儀器顯不胎兒開始顯得非常興奮，全身亂動彈；過一會兒情況就全反過來了，胎兒活動驟減，好像停滯了一般。香菸的作用顯示出來了——引起麻痺，這時候的胎兒的動作就變得艱

難、緩慢。

香菸中的一氧化碳對胎兒有很不好的影響，它使母親輸送給胎兒的血液中的氧氣大大減少，從而使細胞成長緩慢，阻礙胎兒發育。

母親吸菸時，尼古丁、一氧化碳、硫化氫，還有其他有害物質就會進入母親的肺裡，通過母親的血液進入胎兒的血液中，並進入呼吸系統，使胎兒每分鐘的心跳次數減少。

吸菸的危害絕不僅限於懷孕時，實際上，香菸在母親妊娠之前就威脅著胎兒了。

美國醫學雜誌曾報導：吸菸影響卵子的產生和發育，是造成女性不孕的一大原因，因此，如果想生一個健康的孩子，應從受孕前就要開始戒菸。

母親吸菸固然會對胎兒產生很大危害，家人吸菸也不可忽視，因為嬰兒也會吸到二手煙。只要周圍的人一抽菸，尼古丁、一氧化碳、硫化氫等有害物質就會瀰漫在空氣中，滿屋子都是被污染的空氣，藉著母親呼吸，這些有害物質就會進入母親的肺裡，然後進入血液中輸送給胎兒。

所以，我們除了自己不要吸煙外，也儘量不要出入很多人吸煙的場所，一般人不了解煙的可怕，或沒有實際的感受。其實我們只要一聞到煙味，馬上會在身體生起變化，只是一般無

改變不良的生活習慣，是守護胎兒最直接的方法

法察覺，這些不好的物質會藏在氣脈中，而在腹中的胎兒是很靈敏的，他會完全地接受母親所供給的一切。此外，因為煙很粗糙，容易使人生起憤怒，所以，如果孕婦自己抽煙，或身處在抽煙的環境中，生出來的孩子很可能是又遲鈍又愛生氣。

對胎兒有危害的不僅是吸菸，吸入汽油等揮發性有機溶劑，過量飲酒造成酒精中毒，以及使用迷幻劑、麻醉藥等都有害。他們不僅危害受精前的卵子、精子，而且會影響受精後的胚胎和胎兒的發育。

如果懷孕中的婦女喝酒，酒精就會不斷流入胎兒的血液中，由於母親體質不同，酒精對胎兒的影響也略有差別。腹內的胎兒因為肝臟的功能還很弱，分解能力差，孕婦可能覺得自己喝得不多，但孩子早就醉了。

特別是妊娠第三個月的時候，正是胎兒腦子開始形成的關鍵時期，從母體輸送來的血液主要供給大腦。這個時期要是常常喝酒，就會使胎兒的大腦受到損害。所以媽咪要盡量改變不良的生活習慣，當然爸爸也是要配合進行的。

保持心情的平靜與柔軟

在懷孕的時候，盡量不要生氣憤怒，因為我們生氣的時候，血液會產生化學變化，對成人影響並不如對嬰兒那麼大，

因為我們還可以喝水，攝取其他養分，而胎中的孩子卻只能依靠母親的血液，所以，我們生氣時，等於直接餵給胎兒毒血。

在懷孕初期，有的母親還未適應身體的變化，很容易生氣，或是平時脾氣就不好，習慣生氣，時常生起瞋心、煩惱，這樣自然會影響胃液分泌，減弱胃腸功能，食慾降低，而要強迫自己吃東西。由於胃腸不能正常工作，食物也不能很好地消化，因此營養成分幾乎沒有被吸收就排泄出去了，如此也無法充分供給胎兒養分。

其實，不只是瞋心，做母親的生起貪心、痴心，都會直接影響到胎兒，一貪心，血液就抽緊了，變得很黏膩，小孩子生出來，眼睛就凸凸的，很貪心的樣子。瞋心一生起，血液就變酸了，愚痴心一生起，孩子接受的都是愚痴的血液，吃得笨笨的。母親的身行、心念，對腹中的胎兒都有很密切的關係，所以我們要遮斷不好的身體、語言、心意等不好的行為。

做母親的要勤修戒、定、慧，或是多到寺廟裡聽僧眾誦經，或是瞻仰莊嚴的佛菩薩像。常到郊外大自環境然走走，找污染較少的地方，吸收清新的空氣，看看萬里無雲的晴空，觀想此即是諸佛清淨的法身，我們的母胎就如同天空一般，佛寶寶安住在其中。這也是提供寶寶好環境的一種方式。

練習恰當的運動

懷孕的時候，心要盡量安靜，這不是指身體都不動的安靜，我們的心常保安靜、柔軟，在運動、散步日常生活中都是如此。

懷孕之後，平常運動的方式也要改變，無法像以往一般從事較激烈的運動，要改做較和緩的運動。

平時沒有運動習慣的人，最好找出時間來，至少每天散散步，讓身心徹底放鬆。在日本已經有針對孕婦所設計的舞蹈及游泳方式，防止孕婦因運動過少而引起過度肥胖。在進行這些活動時，專家強調的是「完全放鬆」。放鬆地浮在水面上，這種練習可幫助準媽媽未來順利分娩，並可消除浮腫及全身痠懶倦怠的感覺。但並不是任何人都適合。如果有可能流產、早產的孕婦，及身體有特殊疾病，醫生禁止的人，都不適合。

即使是一般的孕婦要游泳，也要有專門人員在一旁照料，下水之前要先量血壓、脈搏，確定身體沒有妨礙才可以。水溫約在攝氏29～30度左右，低於28度易刺激子宮收縮，超過32度容易使人疲勞。游泳的時間也要選在子宮收縮不是很厲害時，一般是上午十點到下午二點之間。這些，只有在專門的教練指導下才能進行。

另外也有專為孕婦編排的舞蹈。在妊娠中，由於受到卵細

胞荷爾蒙的影響，孕婦身體的柔韌性很強，適合某些舞蹈動作，藉此來舒展身體。

不管是游泳、跳舞、散步、做體操，各種運動的方式因個人的身心條件及周遭環境而不同，不必非得要哪一種。這些運動除了增強孕婦和胎兒的健康之外，有另一個重要的功用，就是讓準媽媽們聚在一起，彼此交換心得。

如果不方便出門，在家也可以練習靜坐或是放鬆禪法。練習讓自己的身心安住在放鬆的狀態，同時腹中的胎兒也會感到很放鬆，是利益母子的雙贏方法。（請參閱拙著《靜坐》與《放鬆》二書）

很多孕婦因為懷孕以後身心不適，整天懶洋洋的，動也不想動，衣服也穿得邋邋遢遢的，對日漸凸出的肚子更是在意，整天心情低落，對先生也是差遣來差遣去的，將這一切不適都怪罪到先生頭上。

有一次我到醫院探望朋友，聽到一位孕婦因為陣痛而呼天搶地，似乎非常痛苦，她不只是叫著，也罵著站在一旁的先生：「都是你！都是你！」

在懷孕的過程中，母親的確比父親承擔了更多，但是，不停的抱怨只有使現實條件更加惡化。既然決定要把孩子生下來，我們就要用心生一個好孩子，除了向佛菩薩不斷的祈請之

外，也要善用世間的因緣，將身心提振起來，別讓這一段大好的修行機緣白白蹉跎掉了。

胎兒會影響母親

此外，我們要增長自己的智慧，常念佛、誦經，尤其是我們選擇生下某一個佛菩薩類型的寶寶，就要多持誦這位佛菩薩的名號，多讀誦其相關的經典，讓寶寶在胎中就不斷地憶起本願。

而且我們要常常和胎兒溝通講話，他聽得懂的，不要以為他怎麼可能聽懂，因為胎兒是有神識的，這點可以由胎兒也會作夢來證明。

日本人曾做過有關胎兒作夢的觀察：有時，腹內的胎兒突然踢母親的肚子，有時又突然將身體彎曲起來。剛出生的新生兒有時睡著後會像被嚇到一樣忽然哭起來，有時又一個人微笑著，這種哭和笑都被稱作原始反應，也是於母胎內作夢的延續。

如果我們祈請到好的中陰來入胎，那麼和他說什麼他都聽得懂。這個孩子如果生得好，生下來之後，媽媽也可以鬆一口氣了。如果為了祈請一個佛寶寶來入胎，做母親的依法修持，有時想生氣都會覺得對寶寶不好意思，那麼這孩子真是父母的

善因緣，使我們不貪、不瞋、不痴，讓我們好好地修持戒、定、慧，發菩提心。所以胎兒影響母親很深的。

在經典裡就記載著腹中的胎兒影響母親的故事：

佛陀的侍者舍利弗，他的母親名叫舍利，意為青蓮花，舍利弗是「舍利之子」的意思。舍利弗的母親和舅舅都很精通婆羅門經典，擅於辯論，尤其是他的舅舅又勝過他母親。

但是，自從舍利弗的母親懷了舍利弗之後，他舅舅卻屢次辯輸，他舅舅想：「這必定是因為腹中胎兒福德所致。如果這孩子生下來之後，議論必定勝過我。」於是決定離開故鄉四處遊學，更加努力研究四種吠陀等經論，並發誓：未精通前不剪指甲，以致於後來他的指爪很長，人稱其為「長爪梵志」。

在長爪梵志遊學的期間，舍利弗出生了，他不但相貌端正，殊勝莊嚴，而且聰明黠慧，博達各種經論。

在他八歲那年，王舍城舉行全國性的辯論大會，舍利弗剛好來到會場，看到會場中有四個寶座特別莊嚴，就好奇地問旁人這四個座位是為誰準備的？旁人告訴他：一個是給國王坐的，一個是給太子坐的，第三個是給大臣坐的，最後一個是給今天辯論優勝的論師坐的。

舍利弗聽了之後，竟直接在論師的寶座上坐了下來。現場大眾議論紛紛，一些耆宿長老心想：「自己出場辯贏這個小孩

也沒什麼光榮的。」於是先派一些小婆羅門同舍利弗辯論，誰知只是在一些粗淺的義理上，小婆羅門就辭窮了，於是輪到年輕的婆羅門，也不是舍利弗的對手，這時現場的大眾已經開始驚異了，耆宿長老親自出馬，最後也知難而退，八歲的舍利弗輕易地獲勝了，名聲遠揚。

後來長爪梵志學成返鄉，要找舍利弗辯論，卻聽到他已經追隨佛陀出家了，長爪梵志不死心，找到佛陀，最後也在佛陀的點化下出家修學佛法。

當我們懷有好胎兒，胎兒會直接影響媽咪，所以我們也可以藉由佛寶寶來增長我們自身。

與佛寶寶有約

當我們懷有寶寶，其實就與寶寶之間形成一種無形的約定，因為我們要成為他的父母，他要成為我們的孩子，這個寶寶從開始的因緣到出胎，都是父母和他約定好的，所以我們和他有願力的相應，要幫助他在今生來成就。同樣的，他也是來幫助我們成就的，這段親子間的因緣是由於願力而來的，所以我們要共同學習進步，完成這生的圓滿生命。

我們祈求生一個佛寶寶，不是要他生下來只是乖乖的，很聽話，順從父母的心意，把孩子當做自己的東西，想操控他。

記得，我們和孩子是相約的道友，在盡到父母的責任時，不要因為這樣的付出而生起執著，想獨佔孩子，這是違反我們誓願的。我們與寶寶相約來彼此成就，而不是互相牽絆。

如此了知之後，從剛開始迎請佛寶寶安住到出胎的過程，我們皆以慈悲、智慧、願力、德行的心來行持，迎接他的誕生。

第二章

・如何當個好父母・

以孩子為中心的教育方式

　　寶寶呱呱落地之前，胎前的教育，胎中的教育，我們對寶寶盡了許多的努力，現在我們親自看到孩子誕生，我們盡量用自己瞭解最好的方式來教育他，練習當好父母。

不要將寶寶當成玩具

　　我們曾看到很多父母親把寶寶當作玩具，平常逗孩子玩，逗他笑的一塌糊塗，這對寶寶不見得好，對寶寶來講，過度的笑衝擊太大了，常常被大人逗得笑到沒力氣，身體受不了，整個身體易趨緊張，所以不要有這種把孩子當玩具的習慣，要知道這是因緣和合的時候，他是來當我們的孩子，而不是「當然是我的」。會把孩子當玩具，這是由於我們背後有許多錯誤的思想所造成的壞習慣。

　　孩子是要好好教育他，我們讓他歡喜、安適，飲食各方面要照顧，寶寶的情緒方面也是要照顧，不要讓他落入太強烈的情緒，不要讓他玩得太高興、太興奮，因為他需要安定。安定

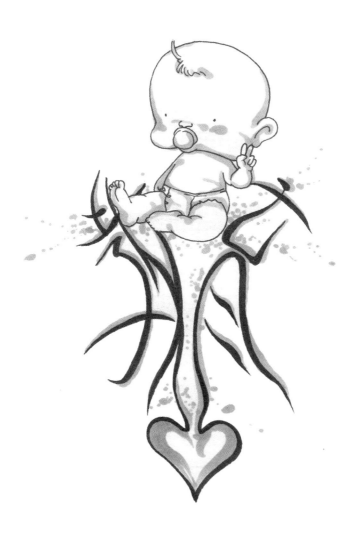

佛寶寶的教育方式就是以寶寶為中心

是指讓寶寶的佛性自然增長，悲心、定力與智慧自然增長，如果他太容易被逗高興或逗生氣了，那麼他的定力就減退了，他太容易受到刺激了，他的定力就消失了，他太習慣某些情境，他的慈悲心也會減低，所以我們想想看要怎樣幫助寶寶，使他自然增長佛性、悲心跟定力自然增長。

　　寶寶的教育方式，就是以寶寶為中心，如何對他是好的？我們的經驗不是主導，只是用來輔助他，幫助他成長，而不是用自己的經驗控制他的成長，我們相信他是佛，那麼我們教育他的同時也在教育我們自己，教育我們的自尊，教導我們尊重生命，我們對寶寶這個小生命的尊重，同時也是對我們自身生命的尊重，如果能對一個完全沒有反擊能力，完全沒有權利說不的生命，都能尊重的話，那麼我們已經開始尊重自己了。

　　思惟一下，我們在教育孩子時，到底是以生命為主或是跟著流行為主？這是需要具足法性與緣起的覺照智慧。我常思惟佛陀是一個最偉大的教育家，佛陀的最圓滿教育方式我無法逐項列舉，只能講大原則。圓滿的教育方式基本上要具足兩者：一是對法性的了悟，一是對緣起的掌握，亦即空性和智慧，對一切法如幻的了悟為根本，掌握緣起的教育。

台北郵政第26～341號信箱

普月文化有限公司

姓名：

地址：

縣　市

市區　鄉鎮

路（街）　段　巷　弄　號　樓

請寫郵遞區號‥‥‥‥‥‥

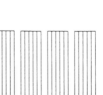

普月文化有限公司
讀者回函卡

請將此回函卡寄回，我們將不定期地寄給您最新的出版資訊與活動。

購買書名：_____

購買書店：_____

姓　　名：_____　性　　別：□男　□女

住　　址：_____

E-mail：

連絡電話：(O)_____ (H)_____

出生年月日：_____年_____月_____日

學　　歷：1.□高中及高中以下　2.□專科　3.□大學　4.□研究所及以上

職　　業：1.□高中生　2.□大學生　3.□資訊業　4.□工　5.□商
　　　　　6.□服務業　7.□軍警公教　8.□自由業及專業　9.□其他_____
　　　　　職務：_____　修持法門：_____　依止道場：_____

本書吸引您主要的原因：
　　　　　1.□題材　2.□封面設計　3.□書名　4.□文字內容　5.□圖表
　　　　　6.□作者　7.□出版社　8.□其他_____

本書的內容或設計您最滿意的是：

_____

對我們的建議：

_____

以開放的心態來教導孩子

現在的孩子和我們以前小時候玩的東西差異很大，如果我們興沖沖地拿廿年前的童玩給孩子玩，他可能會覺得大人真是老古板，好遜哦！都跟不上時代。

如果大人對這樣的反應沒有反省，反而罵孩子：「你怎麼可以跟外面那些孩子學？」劈靂啪啦開始說教，孩子根本沒有辦法接受這樣的指控，他會認為父母親只是活在過去的時空，不再成長，代溝就因此形成了。

通常學佛的人都給人老古板的印象，其實學佛人應該是很時髦的，因為我們的腦筋比別人靈活，但是我們的原則守的比別人好，因為我們能夠掌握與創造，是永遠在時代前端的。

我常想設計幾個電腦遊戲給現代的孩子們玩，但是因為自己太忙了，所以希望能和程式設計的專家們討論，讓他們來設計，設計出很多很好玩而且可以教育孩子的電腦遊戲。

像現在的佛菩薩傳、祖師傳，常被拍成神怪片，這是很可惜的，以前我常為拍電影的朋友出點子，某次朋友去四川大足拍片，我還去指導，特別到那邊跟他們講怎麼拍，聲音怎麼拍，景像怎麼抓，因為他們是專業出身，聽到我非專業的這樣一講，就說：「哦！還可以這樣做？」我說：「可以呀！怎麼不可以！」有一次要拍另外一個特殊音效，我就跟他們說聲音

要怎麼弄,弄成很大聲的聲音,風的聲音、水很慢的聲音,整個綜合起來的聲音,他們直誇這個可以得到特殊音效獎。

我最近在想,許多孩子把重金屬樂搞得聲名狼籍,這應該可以把它們改一改,怎麼改呢?改成「重金屬禪樂」。因為他們的心都還不是很清楚,只是在趕流行,所以我們搶在流行之先,在流行中放入法性緣起的智慧,當他們在學的時候,自然進入聲空三昧,這樣的音樂、美術,都可以讓孩子發展的很好。

一個禪者或真正的修行者,他不一定要很會畫畫,但是他一定要有能力進到每一個系統裡面,然後更超越,因為他的心已經自由了,而且他不會執著。

以畫圖而言,有的人就畫得好痛苦,有的人就畫得很好,我想為什麼要畫得這麼痛苦呢?為什麼不換換學唱歌呢?唱歌為什麼不從中脈裡面唱出來呢?為什麼不把伴奏唱出來呢?其實以前我們誦經的梵唄也是這樣發展出來的,一般的梵唄是中國的,西藏有西藏的方式,可以綜合彼此的方式。

我們的主體是以生命為主,但是要掌握最圓滿的教育方式,就是掌握法性、掌握緣起,用智慧、慈悲融合才能掌握法性的緣起。

此外,我們要了悟一切都是無常的,今天做的這個因緣,

明天恐怕就不流行了，但是我們不是趕流行，而是掌握時空的緣起，我們要在前面，讓大家跟著我們走，千萬不要跟著人家走；我們要開放，能夠接受新的資訊，比孩子更新潮，但是比孩子更清楚，我們的新潮是能掌握緣起，我們知道這裡面要加什麼東西才能夠增長。如果能夠如此，你將是孩子心中永遠的大王，跟孩子打成一片。

　　現在的教育方式都強調讓孩子產生強烈的自我，但是要知道，自主不是以自我為中心。如果沒有這樣的認知，將來很多孩子都會很自我，雖然這樣的教育也有好的一面，可以建立孩子有自己的主見，但是有時也不是那麼簡單，往往會變得很任性，所以自主並不是自我，自在不是任性，重要的是要隨順覺性而不隨順欲望。

給寶寶一個無毒的環境

　　現在環境的污染已經是不爭的事實，但父母仍需盡可能提供一個無毒的環境，讓孩子在其中成長。

　　這無毒的環境是很廣義的，不僅是無外毒、無內毒，更無心毒。所以父母不僅要注意環境的外毒，更要注意內毒與心毒。

斷除不良的習慣

　　首先，做父母的要斷除很多壞習慣，必須學習佛陀的智慧與慈悲和寶寶相處，不要以貪愛的感情來對待孩子。

　　很多父母對孩子的照顧都是以貪愛心為出發，有人也許會抗議：「不貪愛就不是人了，這違反人性。」但我們想想：人性是什麼？有人性就有輪迴，佛性也許有點違反人性吧！

　　「我生氣是自然的！」這是人性，超越生氣、瞋恨是佛性。如果隨順瞋心、人性，這樣下去的話，那就是輪轉的心。我們會生而為人，就是因為貪、瞋、痴、慢、疑落實到身、

口、意的現象，所以把佛性跟人性放在一起，當然要隨順佛性，不要隨順人性。但把人性跟非人性的惡劣作為比較，當然是隨順人性。

現在我們用智慧與悲心和寶寶相處，而不要以貪愛之心，雖然實踐起來你會不習慣、或感覺很痛苦，但是盡量去做。

此外也不要太隨順、太放肆孩子的情緒。一般而言，除非孩子真的不舒服，肚子餓了、尿布溼了，或是生病了，否則只是情緒性的發洩、哭鬧，那麼就不要讓他養成壞習慣。如果孩子要求，大人就抱他，或孩子以哭鬧來達到目的，這會養成壞習慣，從佛寶寶小時候開始，我們就不能太過寵愛他，因為他會從小開始養成習慣，這習氣很可怕。

我們要真正地照顧寶寶，在他恐懼的時候幫助他，但當他放肆的時候，則用定力觀照他，我建議用各種方法對他講清楚，很多人說：「他哪聽得懂？」其實，他可能聽得懂，試看看，講到十歲總會聽懂吧！但是不要等十歲才開始，要從零歲開始。

另一點，很重要的——學會對孩子道歉，這對我們自己的修為很有幫助，如果能有柔軟的心，我們的心會像黃金一樣柔軟，孩子也會從小就學會道歉，做得對就是對，錯就是錯，道歉沒什麼要不得的、沒什麼好丟臉的。

從小訓練寶寶的慚愧心跟懺悔心，沒有慚愧心跟懺悔心就沒有尊嚴。千萬不要以為孩子是可以欺騙的，沒有一個孩子是可以欺騙的，即使騙得過他的意識，也騙不過他的潛意識。

和睦家庭的重要性

即使對幼小的孩子，我們都可能常認為：「孩子懂什麼？」更何況是對初生的孩子！但事實如何呢？

有一個婚姻顧問曾提過一個案例：有一個年輕的母親抱著剛出生不久的嬰兒來和他商量離婚的事，這個顧問很驚訝地發現那嬰兒臉上悲傷的表情，竟然和母親一模一樣，父母親的感情不和，這麼小的孩子也感受到了。

大人也許會認為：「這麼小的孩子怎麼能了解大人這麼複雜的情感？」孩子也許沒有辦法了解這些事情，但是卻能感受得到周遭的刺激，那種敏感度甚至遠超過我們的想像。

家人的爭吵，嬰兒也許不了解吵架的原因，但是對那種相互憎恨的情感是一定感受得到的。有人曾說：如果要了解夫婦的感情和不和睦，叫孩子們站一排，看看孩子臉上的表情就可以了解，孩子們的臉是反映父母生活的一面鏡子。

這種乳幼兒期的潛意識經驗甚至影響到其懂事之後的心思和行為。難怪有人認為：沒有什麼比和睦快樂的家庭對幼兒教

給佛寶寶一個無毒的家

育的幫助更大了。

　　一般人常會因幼兒無法像成人般說話、自由行動，而誤以為孩子什麼都不知道，而我們的記憶也大多只能回溯到三、四歲，對剛出生的情景也記不得了，所以常會忽略嬰兒的感受，甚至誤以為他不懂事，隨便哄哄他、騙騙他也沒有關係。

　　事實上如何呢？

　　有的寶寶是可以記起剛出生的情形，對大人騙他、哄他的情形也一清二楚，只是口不能言。此外，人類處於某種極限狀態時，也會回憶起嬰幼兒時的情形。有一個士兵在戰場上受傷，幾近死亡，被送到醫院時，小時候的事情就像走馬燈似地閃過眼前，但有一些是他原本不記得的。像他看到母親帶他到廟裡，和尚站在門口和他們說話，他所穿的衣服、臉上的表情、所說的話，一下子都浮現了。這個士兵出院後，向他的母親查證，原來這是他兩歲時的事。

　　另一個例子是個日本人，在中國出生，一直到大些才被帶回日本，也沒學會中國話。長大之後，因為經商的關係又回到中國。某一次有個場合不得不說中文，他居然脫口說出中國話，而且非常流利。

　　這些例子都告訴我們：嬰幼兒期的環境和經驗是這麼深刻地印在我們的心中。

我們要把孩子當作聽得懂，有些孩子在胎中就聽得懂了，能感受到大人對他的厭惡、憤怒，他會跟你相應，所以不要以為孩子聽不懂就可以騙他，對孩子要誠心、要直心，用直心道場對待他。有的人長大了仍可以記得剛出生的事，他小時候，大人說什麼他都聽得懂，但自己無法表達，大人騙他他也知道，也會生氣，但卻沒有能力控制自己的神經系統，以至無法說話。知道了這點，我們從孩子小的時候就要誠實、以直心對待孩子，不要用貪愛的情緒，不要讓他放肆隨便，但要尊重，像尊重一尊佛、一尊菩薩來面對他。

這不是讓他安住在溫室裡，而是要讓他有能力消滅外面的毒，所以不能夠隨順他的情緒，孩子有情緒、情欲，不要隨順他，講得更明白一點，有時候孩子還是會有快感，這要讓他從小就開始面對，不然在現代情欲氾濫的社會裡，等到了十二、三歲就太晚了，因為從小就沒有自制力，長大之後就更不好了。

現代的孩子一走出家門，我們就沒有能力可以約制他們，因為他們比我們厲害，我們不了解他們的世界，他們玩電腦，我們根本不知道他們能拼出什麼東西，根本無法控制了。所以最重要的是從小就要建立孩子的自制力與尊嚴。

父母要對孩子的錯誤負責

有人說：「天下沒有錯誤的孩子」，這句話並不代表孩子所做的事都是對的，而是指出孩子是需要教育的，孩子會犯下的錯誤，是父母沒有教好孩子，才讓孩子鑄下大錯，所以，孩子的錯誤為人父母是要負很大的責任的。

後天教育的重要

但如果誤以為孩子的天真必定是無邪的話，那才是最大的錯誤。日本的兒童心理學家研究孩子對善惡的判定，孩子們認為「好玩」、「有趣」、「愉快」的事是好的、良善的。許多被誘拐的孩子幸運地送回來後，問他為什麼會跟陌生人走，大多數孩子的回答都是：「叔叔很有趣，不是壞人。」

然而，孩子們的天真，從另一方面看起來卻和「無知」等同，在無知又好奇的階段，更需要父母的指導。

以前曾發生一個案例，有個小女孩看到出生不久的弟弟，感到很好奇，尤其是對小弟弟頭頂會微微跳動的現象感到很好

奇，就趁媽媽不注意時，用牙籤戳弟弟的頭。還有孩子感到家裡的微波爐很神奇，菜放進去一下就可以吃了，心中想著如果把活生生的動物放進去會怎麼樣呢？他決定拿籠子裡的金絲雀來做實驗。諸如此類的事情，在在指出後天教育的重要性。

許多文學家對孩子的「天真無邪」抱持著質疑的態度，也以此為題材寫出許多驚悚的故事。像電影「危險小天使」就是這類的故事。也許有人會疑懷：「孩子怎麼可能這麼邪惡？」看到那個孩子把妹妹引到薄冰處，故意讓她到冰池裡。這情景不禁讓我想起一對小姊妹：在大家的注意力開始從姊姊分散到出生不久的妹妹身時，姊姊除了變得更加任性之外，也常會咬妹妹，妹妹在地上爬時，姊姊就推著娃娃車壓過妹妹的手。這種情結如果沒有適當的轉化，電影裡的情節就不難理解。

在適當時刻教育孩子

孩子隨順著有趣的、想要的感覺走時，如果我們不能適時地教育他，引發他較為高貴的情感，引發他的自尊、自覺，那麼等孩子長大以後就更難教育他了。

在孩子的價值觀成形之前，父母親的教育更是重要，剛開始孩子可能會隨著本能的情緒來反應，但漸漸長大，會慢慢改變，認為受讚美的是好的、對的，被責備、處罰的是不好的，

是惡的。如果父母沒有教育孩子的原則，端以情緒來賞罰，那麼孩子的價值觀也會混淆不清。

如果孩子沒有教育好，其實孩子犯錯，大人的責任更大。我們是教育孩子，而不是控制孩子，因為控制孩子會使他犯上跟我們同樣的錯誤。所以要用智慧、經驗來幫助孩子，不要讓孩子重蹈我們的覆轍，這樣人類才有進化的可能。

教育再教育，以悲心和覺悟為中心的教育，以佛法為中心，來幫助孩子的佛性發展，幫助孩子的智慧和悲心發展。也許我們自己很差，有很多染習，但我們盡量降伏自己的染習，用我們的悲心、覺悟，不斷地觀察孩子、幫助孩子。教育再教育，啟發再啟發。

不要讓孩子成為溫室的花朵

在學校的教育中，很多都是制式的教育，無法讓學生有太多的選擇，這固然省了很多事，卻也讓學生產生愚痴，讓人拋棄了生命內層的自主性。尤其是教育家，是需要看清楚這個事實的。

所以，不要讓孩子成為溫室中的花朵，不要什麼事都幫孩子做得好好的。這和現在流行的「人本教育」不同，大家不要弄混了，我並不完全同意現在的人本教育、森林小學，我強調

要適時的教育孩子，引發他高貴的情操

的是：隨順覺性非率性，天真並不代表無邪，孩子如果不是完全清淨，不是在智慧和悲心中出生，那麼他是有毒性的習氣，只是他現在不能強力作用，但他的習氣是有毒的。

經典中曾記載：一隻鴿子被獵人追，害怕地躲到舍利弗的影子裡，但它在那裡還是發抖著，最後飛到佛陀的影子裡才感到安穩，也不發抖了。因為舍利弗雖然已經是大阿羅漢，但是仍有瞋心的習氣存在，影子裡有瞋毒，所以鴿子還是會發抖，而佛陀已經究竟圓滿，沒有貪、瞋、痴三毒習氣，所以鴿子在佛陀的影子中就不會害怕。

可見習氣是有毒的，而孩子是有習氣的，雖然我們在受胎之前就用許多方法希望他能清淨，但不一定能完全達到，即使是菩薩來投胎也分成很多境界。除非成佛，否則都還會有習氣，這些我們要了知，不要把孩子當成菩薩就凡事順著他，這只是增長他的習氣罷了。

如此了解之後，我們要有決定散盡孩子的悲心和智慧，而不是讓他的毒氣習性散發出來。

像我小的時候，附近鄰家有隻狗咬了我一下，我就生氣地把它綁起來。也是很多鄉下小孩喜歡拿水灌蟻穴的遊戲。其實孩子並不知道自己做了什麼，如果我們看到這種情形，告訴孩子如果他變的像螞蟻一樣小，他會這樣子做嗎？

教育不是我教你，而是以孩子為中心，幫助他成長、幫助他解除不好的地方，讓他自己去克服，讓他去自制，讓他有能力消除毒性；用誠懇的態度面對他，讓他知道你不圓滿，而且他不會笑你的不圓滿，小孩子有段時間會很可惡，因為他心目中的英雄破滅了，他的爸爸不再是他心目中的英雄，媽媽不再是他想像中的那麼完美。

教育孩子是自身的圓滿過程

如果我們一開始就不隱藏自己的不圓滿，誠懇地面對，那麼我們和孩子相處時的陣痛期會縮短。在孩子需要的時候，我們必須幫助他，但同時也要讓他知道自己有能力克服，永保清淨、無染的心，就像文殊菩薩一樣很有智慧，可以判斷是非，帶著一顆完全清淨、純真的心。

這樣面對孩子及所有的人，有一天會發現所有的孩子都值得這樣教育，這是多麼歡喜、多麼快樂的事啊！這時你會像文殊菩薩一樣被稱為三世覺母妙吉祥，文殊菩薩是三世一切諸佛的母親，他說：「我用天眼觀察十方世界，如果有一世界的佛從初發心開始修行到成佛，不是我所啟發、教育、幫助，我就不成佛。」真的了不起，所以他就成了三世佛母、三世覺母。如果有一天，他生了孩子，我們就會感覺不像是從肉胎中所生

出來的，而是清淨的胎藏法界中所生出來，我們就是法界的胎藏，來幫助他們成就，文殊菩薩應該可以稱作教育之母吧！

我們要一面衡量孩子的佛性，教育再教育，一面用智慧、悲心、定力滋潤他，誠心地面對他，不要欺騙他，用直心道場，不要用貪、瞋、痴來毒害他，不要用染污、貪愛的心害他，要幫助他站起來。

在教育寶寶的過程中，其實也是我們自身不斷圓滿的過程，很多父母親急於要給孩子接受各種技能方面的教育，如：語言、音樂、美術、寫作等，但是這些如果不是由悲心所發起，也沒有智慧的觀察，要孩子學東學西，大部份是為了使父母自己心安，不是完全為了孩子著想，也不一定真的對孩子有好處。

每一個孩子都有佛性，但是也具有傷人的有毒習性。對孩子，我們永遠具足信心，深信他終能成就圓滿的生命，但另一方面也要將他現前的習性觀察清楚，以悲心和願力來幫助他，不斷地教育再教育，永遠記著我們與寶寶要相互幫助的誓言。

當孩子擁有前世的記憶

關於孩子的前世記憶

幼兒期間比較安定的孩子或較有覺性的孩子，他有一個特質，因為他定力比較好，常常會有過去世的記憶。

因為這樣孩子的存在，所以有轉世系統的存在，在中國沒有像西藏有轉世教育的體系，一位仁波切圓寂轉世或是諸佛轉世，確定為轉世的靈童會被帶到寺廟，給予他最好的教育，其實是一種資優教育的意思，不讓他的覺性跑掉。

雖然如此，也常常有失敗的例子，我們不要看到仁波切就膜拜，還是要判斷一下，有些是失敗的，你們不要相信全宇宙的佛菩薩都跑到西藏去了。在佛經中，就分配領域來講，在漢地的佛菩薩轉世的比例最高，差不多倍五百多個，那時還沒提到西藏，因為西藏的出現比較晚。

任何一位菩薩都能轉世，但是當轉世變成一種制度後，有時會產生很多問題，因它變成世間的事情。轉世代表財產的擁

有權，如果轉世確定，即代表這孩子擁有整個寺院的系統，就是所有者的意思，因出家人不能生孩子，就以轉世的方式來擁有，所以這制度的世間意義比修行意義更強。因此，如果你對修行有興趣，注意一定要找真正好的修行者為老師，這老師不一定是要轉世的仁波切，喇嘛也可以，不要看到轉世的仁波切就很高興，以為讓他摸一下頭就能成佛了。

讓我覺得人好可憐，自己的覺性還要靠別人這樣愚弄，相信釋迦牟尼佛不會一出現就告訴人家說：我上輩子是釋迦牟尼佛，這輩子轉世到這裡，你們看看，我多了不起。如果他說這樣的話，也許有人會問：「你上輩子是釋迦牟尼佛八相成道，已經成佛了，怎麼這輩子還沒成佛？看起來似乎比上輩子還遜呢！恐怕你是釋迦牟尼佛的一小部分來轉世的吧！」

如果轉世者每一次轉世每況愈下，其實是很丟臉的。如果有人很神氣地說：「我上輩子是某某某！」我倒覺得很奇怪，上輩子是某某，跟這輩子有什麼關係？難道上輩子是慈禧太后的人，我們還要叫他老佛爺嗎？

禪宗有一個公案將這問題處理的很好，中國的禪師——溈山禪師有一個很有名的公案：「溈山水牯牛」。

溈仰宗是禪宗五個宗派之一，溈山禪師是溈仰宗的祖師，是一個很了不起的大成就者。有人問他下輩子要到哪裡去？他

說：「下輩子我要到山下披毛戴角，當牛去了！」他說那隻牛的身上會寫著「溈山」兩個字。到底要叫他溈山還是老牯牛？

所以這輩子是什麼就是什麼，上輩子做的比較好，是讓你這輩子站在比較好的起點，就像很多人常說：「想當年，我如何如何……」那代表他們黃金時代已經過去了。

除非為了現實上的需要，轉世制度我不太贊同，我並不是反對仁波切，而是反對這樣的制度，因為佛法不會擺很多的商業儀式，只是因這制度有它的因緣需要，所以建立起來，我們就如實的接受。這樣的說法並不是不尊敬這些修行人，而是要大家不要隨轉迷惘。在漢地，你如果說自己是某某的轉世，大概只有在兩種情況下大家比較不會罵你：第一個像濟公一樣裝瘋賣傻，第二個是當講完之後就入滅了。如果不是這兩種情況而妄說前世的話，大都會被趕出寺院的，因為這是「妖言惑眾」。

這是文化背景的不同，所以不要認為西藏修行人的神通都比較大，而漢地沒有修行人，沒有這回事情，這是因為在漢地的因緣是不准顯神通，但是在西藏不顯神通的話，表示沒有修行成就，這是文化因緣的不同展現。

如何對待擁有前世記憶的孩子

除了孩子可能擁有前世記憶之外，如果母親修行得力，甚至可以預知胎中是男是女，用感應的可以知道。

把孩子生下後，要注意一點，要尊重孩子的佛性，但這不是說孩子是某某佛菩薩轉世，我們就每天跪下來膜拜，反而是我們要加強教育他，否則反而會壞事的！除非有西藏那種完整的轉世教育把他帶進寺院，讓他得知前生。那種教育方式很嚴格，老師也很嚴格，在西藏轉世的仁波切要受到的訓練比一般人還嚴格，幾乎不讓他接觸到外界。

如果不是這樣，有些狀況會妨礙了他，像我以前碰到的一個例子，到現在為止我仍耿耿於懷──是一個在台北的孩子，當時我遇見她時是十二歲的小女生，她號稱是張天然轉世，父母也相信她，後來這個孩子不喜歡讀書，父母就真的不讓她讀書了，那她怎麼讀書呢？她說：晚上的時候靈魂出來一下，書就全都看完了。說實在的，當時我很想拿一本國文課本，問她說：你會不會？就算是釋迦牟尼佛出世，也要歷經修行才能成道啊！然而有很多人去問她問題，其中不乏高級的知識分子，這不禁令人深深地惋惜，碰到這種事情，他們的理性全部不見了，只是一昧地相信她，不斷地問她禍福吉凶之事。

其實，神通這東西沒什麼好說的，由於家庭環境使然，我

從小到大看過很多神通的示現，了知神通其實並沒有太大用處，而且也不能增長我們的智慧。

那小女孩看到我，就說我很我慢，我慢即很驕傲的意思。我想：我當然有我慢啊！第一是因為我還沒有成佛，第二點，如果我對佛法、對自己都沒有信心，看到她時就跪拜下去，那就對不起自己與佛陀。

過去我碰到太多人自稱佛菩薩轉世，看過至少有五個自稱準提觀音轉世，她跟我說她是張天然轉世，我回來之後才對學生說：「就今年而言，她不是啦！」話傳到她耳裡，她好生氣！說要化身出來打倒我就讀的大學。又說：「你知道雷根為什麼能逃過一劫？因為我推了雷根一把。」她還說每次的颱風都是她獨力抵擋的。我聽了覺得可憐又可笑，我們應該這樣想：颱風要來之前，我們一起祈禱，由於大家願力的因緣，會使災害減輕到某個程度，這才是正思惟。如果光靠某個人的力量，那和梵天、上帝有什麼兩樣呢？

近年幾年來，全世界天災人禍頻傳，如果是佛教徒可以多多念佛、修持、迴向，沒有宗教信仰者也可以誠心祈願，減低這些災害的損失。這樣雖然無法使其完全平息，但絕對可以減輕災情。好比原本死傷人數會很多，但是因大家誠心祈願的緣故，使死者降為受傷，重傷轉輕傷，這是可能的，只要大家從

現在開始相續不斷地祈願，必定功不唐捐。

　　再回到一直自認為是張天然轉世的小女孩，周圍的人也一直強化這事情，她的父母為了替她蓋道場，將所有的財產都花光了，連事業也沒有了。她一直認為自己真的是張天然轉世，加上其他助力，後來越想越像，整個臉就變形了，完全變成粗暴的男相，因為相由心轉。這個小女孩未來怎麼辦呢？實令人擔憂。

　　民間也有很多自稱是濟公下凡的，但我看他們的臉卻一點也不莊嚴，濟公是很可愛的，是大修行者。他入滅時曾留下一首詩：

六十年來狼籍，東壁打倒西壁，

而今罷遊歸來，依舊水連天碧。

　　這是他最後的境界。「六十來狼籍」就是一塌糊塗，這一塌糊塗有名堂的，東壁打倒西壁才會一塌糊塗，分別指「空」、「有」真俗二諦，現瘋癲行，即是《心經》中不染不淨的境界，清淨染垢無二無別，所以現瘋癲行。大家不要問：「東壁打倒西壁，怎麼打？」這是比喻而已，是比喻相對待的東西融合一味，這是完全一味、完全赤裸天真的顯現。「而今罷遊歸來」，玩累了歸來「依舊水連天碧」，法性依舊清淨啊！境界就在這裡。

如果有人問：「如何是東壁打倒西壁？」有人回答：「等你南壁打倒北壁的時候再告訴你。」這叫耍嘴皮子，上嘴唇抵天，下嘴唇抵地，全身上下死光了，就只剩下一張嘴，這就是口頭禪，他根本不知什麼是東壁西壁。

　　濟公禪師是有很了不起的境界，他示現瘋癲行，但是因為因緣和合的身體，所以他常常示現不穿褲子、又喝酒、到處亂吃東西，又吃有毒的東西，這種種的行逕對他身體不好，所以他很早就走了。由此可知修行成就很高的人，肉體還是會受傷的。像佛陀六年苦行，身體是有損傷的，所以有時他會背痛，有時他坐一坐，太累的話，就靠著牆壁。肉身畢竟還是肉身，無論如何他的體性還是清淨的，如果他肉身都不會有問題，那也很奇怪。

　　對於擁有過去世記憶的孩子，我們要尊重他的法性，把他當作佛陀來教育，但是不要因為感受他過去是什麼或是怎麼來的，而產生錯謬的過去心，在教育孩子時產生猶豫，這是不行的。

　　孩子如果有往世的記憶，我們要幫助他攝受過去生命的經驗，把過去的經驗轉成他向上的力量，不要讓他沉溺於過去的經驗裡，要讓他攝受過去的經驗，安住在當下，他是這一世的因緣，不能讓他沉溺在過去世的因緣當中。

比較有覺性的孩子，就像一些仁波切，小時候有過去的記憶，也有過去的習慣，當他年紀漸增時，過去的記憶會愈來愈淡，到最後忘記了，轉成這一世的因緣。但這不是究竟，最究竟的是他安住在今世，但同時了知宿世，也了知未來要往何處去，同時安住三世。這是一種，還有另一種是修持海印三昧的行者，他同時安住在這世界，同時現觀十方世界，他都同時安住在一起，但是他不會錯謬。如果有人說：「哎唷！我老是見到其他世界的眾生。」這是不能接受現實的人，老是見神見鬼，看到其他世界的東西，我們說這種人是不能接受事實。

幫助孩子鞏固今生的因緣

　　我們幫助孩子攝受過去的生命經驗，使他的今生因緣鞏固，接著要讓他自然地開始不執著，從小就很「慷慨」有布施的心。慷慨的意思不是笨，或是不會計算，而是算得很清楚，但是不計較。我們不要訓練出一個白痴，一副很慷慨的樣子，把家財遺產都花光了，而且都是花給別人去吃喝玩樂，這是造業，不是布施。這裡所謂的慷慨，是要讓孩子本身慢慢地減低我執，要讓他能夠了悟金錢，了悟這些世間的事物，而且能夠控制，能夠擁有這些屬於他的東西，但同時也要讓他學習布施。

如果孩子有過去世的記憶，要幫助他攝受過去世的經驗

當孩子還不是很懂事的時候，父母親能夠替他做布施或供養，但當孩子慢慢懂事的時候，我們要把錢給他，讓他自己來做布施，這是讓他習慣修行的方法，不要老說父母代他布施，寫孩子的名字，這是暫時可行而已，要讓孩子學習，他在做這件事的時候，要很清楚他在做什麼事情，頭腦清楚明白，而不是把孩子訓練成完全不清楚，要讓他清清楚楚明明白白地布施，乃至他的悲心，他的智慧，他的了知如幻，他的無我，他的行為背後都是清清楚楚明明白白的。這樣訓練他，這就是「應無所住，而生其心」的教育。

　　但如果這樣的教育還無法一下子達到時，怎麼辦呢？可以用「生其心時，應無所住」的方法，在孩子生氣的時候，教導他不要執著剛剛所做的事情，不要斤斤計較。

　　人很奇怪，一天到晚斤斤計較，想想倒底斤斤計較什麼？當事情完全做對的時候，心裡面可能惶恐，不能接受自己是對的，懷疑自己：這樣做是對的嗎？即使真的做對了，但是自己還是很懷疑。當做錯事情的時候，人家指責我們，我們又生氣：「誰說我做錯了！」人的心就是這樣飄來飄去。

　　我們改變這個習慣，面對現在正在做的這個事情，不再執著，應該「生其心時，應無所住」。《金剛經》上說：「應無所住而生其心」，但一般人做不到，只好先從「生其心時，應

無所住」做起，生其心時，不再執著。

親子的雙向溝通

現在常常強調親子溝通，溝通是雙向的，因此我們跟孩子講話時，千萬要注意，不要用「我是什麼」來強化他的我執。

沒有我執的溝通方式

很多心理學用「我是什麼」，這是增長我執的思維方向，要反問「什麼是我」，以此來養成良好的思惟習慣，這個思惟是空性的思惟，就是「什麼是我」的思惟，而不是「我」的思惟，有時候我們看看自己寫的東西，可以數數看裡面有幾個「我」字，算一算看，如果「我」字很多的話，則自我很大，很危險。

我們可以練習自己寫的文章時，把裡面的「我字」都拿掉，看看有沒有什麼改變，再重唸一遍，看看有沒有什麼感覺，再把「我」換成另一個字，對換一下，常常這樣察看自己的思惟，改變我們的思惟習慣，用「非我」的立場看事情，這是良好的生命習慣，慢慢會產生覺受。

我們改變自己的習慣來教育孩子，不僅對自己好，對孩子也很好，大家可以試試看。

我們或許可以稱這套教育為佛陀的教育方式或禪的教育，它是不變於法性而隨順於緣起，我們要相信孩子的佛性，不要相信孩子的習性，所以開放與嚴格的要求，絕非分離的。

我們不一定要隨著現代時髦流行的教育方式進行，因為我們有更時髦的，永遠走在時代前端的，永遠能在時代要改變之前就事先掌握的方式。

像現代森林小學的教育方式，我們覺得很好，可惜是屬於少數貴族所擁有，一般的父母並沒有這麼多的時間陪孩子，如果父母是工人，根本沒有辦法先幫助孩子補習，孩子怎麼有辦法跟得上呢？如果父母親一個月收入很少，怎麼送孩子去就讀呢？不是說森林小學不好，而是這樣的形式只是一個特殊化的教育，不是普遍化的教育，它雖然可以更普遍化，但恐怕要等一陣子以後，因為它實在太貴族了，只有有時間與金錢的貴族，及有知識的貴族才能擁有。但我們還是希望它能夠趕快實現，看看能不能夠帶動出一些好的因緣。

其實這種教育方式古代就有了，孔子的教育方式很活潑、很好，他會帶學生去游泳，這就是很好的森林教育，這是古代就有的，並非西方特有的。只是後來的科舉教育把它弄壞了，

所以有時古代的東西也很好，不一定是現代的比較好，大家可以思惟一下。

別當操縱者

常常父母或小孩會忿忿不平地想：「他為什麼這樣對我？」「他為什麼不那樣對我？」這些態度其實都是用自己的立場來看事情，並沒有站在對方的立場想事情。如果我們換個角度想：「他現在用這樣方式待我，我要用什麼方式使他不這樣對我。」這才是實相的看法。

我們不要用過去心看事情，寶寶出生下來，我們也不要用過去心看他，我們當然知道他是我們的孩子，但是不要因此而當一個操縱者。

我們要接受這個相對性而不是絕對性的世界，那麼很多事情就好多了，我們看很多因緣條件就會清楚多了，和人相處就不會陷在死胡同裡面。

生命界裡最不會說不，最會被我們操縱的生命是誰呢？當然是自己。沒有這樣的自覺，不尊重自己的佛性、覺性，自然會欺負別人，也會操縱別人，會想做一個操縱者。

操縱是一種很不好的習慣，會想操縱別人的人就是操縱自己的人，這操縱者就是受到貪、瞋、痴 的左右，用貪、瞋、

與孩子溝通不要偏執在自己的立場，並超越操縱孩子的慾望

痴來操縱自己的佛性，就變成了身體、語言、心意的染業流轉不息，所以尊重生命從尊重孩子做起，這才是尊重自己，尊重自己的智慧、覺性、法身，這是很重要的觀念，可以受用無窮。

為什麼要念佛，到底什麼是念佛？念念從心起，念佛不離心。「念」者就是當下尊重自己這一念心、佛性，從佛性這一念心裡面憶念諸佛，這叫「是心是佛，是心作佛」。念佛是不必有條件的，不一定是要去極樂世界才念佛，這樣也可以，但畢竟不是從法性裡面出來的。

念佛純粹是感恩、感動，純粹尊敬，感受到佛陀的偉大、圓滿，佛陀不曾一絲一毫一剎那離開我們，所以我們當下體悟到我們的自性與諸佛的自性完全無二無別。

如果我們能用這樣的心情面對寶寶，教育寶寶，增長他的智慧、悲心與定力，尊重自己與寶寶，不要當一個生命的操縱者。這樣一來，我們與孩子的溝通，不會偏執在自己的立場，而能夠超越操縱孩子的慾望。

養成孩子自主學習的態度

孩子在成長的過程，會因為他的性向不同，而有不同的傾向。對於佛法如果孩子宿昔有緣，即會自然趣入，不要揠苗助長。

讓孩子依性向學習

很多孩子從小就被要求做什麼，而且孩子很容易隨順於父母，跟著父母做。很多父母都喜歡誇耀自己的孩子，如：我的孩子幾歲就會背《心經》，幾歲就會背什麼。孩子會背《心經》很好，我們也都很歡喜，但是要注意當孩子背得時候是否把它背得很仔細？是不是嘴念心不念？這是注意他的學習態度，如果是他自己主動的抉擇，那麼他在走這條路的時候，自己會改變，我們不要讓他把佛法當成習慣的東西而已，要讓他的心有所決定，把它當作自己體性中一種隨時覺悟力量，而不是某一種輕易就可以改變的習慣，心中卻完全沒有感受。

我們要教育孩子，讓他趣入佛法或是其他的興趣，千萬不

要強制他，不要刻意勉強他，如果自己是佛教徒，就讓孩子從小修禪、念佛，勉強他修學各種法門，有時孩子的心性不定，反而引起反效果。像修禪定時就很麻煩，因為孩子太容易或受到其他超自然的現象的影響，如果沒有好的老師指導，比較容易出狀況。

我有一個學生在小學當老師，他學了我的放鬆禪法後，覺得很受用，就依樣畫葫蘆地在班上以放鬆禪法來導引學生，結果他一導引完，全班有一半的學生看到白白的東西飛起來了，也就是神識飛起來了。這是很危險的，如果神識回不去怎麼辦呢？在孩子的自我、心識還不是很穩固時，注意不要教他太深的法。我所寫的《放鬆禪法》是一套看似平常，卻是很深入且直接的導引法，所以會有前面的情況產生。

很多人喜歡炫耀自己的神通，我看了卻只覺好笑，因為我認為神通只是末格而已，很快就可以訓練成功，但神通其實不是那麼有用的。當你用神通幫人治病，是否想過：當別人生病時可能還有機會反省，思考比較深刻的生命問題，但是，如果疾病馬上好了，又回到自己原來的生活習慣、步調，或是繼續花天酒地、糟蹋自己，到處造業，那麼幫他把病治好是否真的是幫助他嗎？答案顯而易見的。神通如果不能增長我們的悲心和智慧，徒長愚痴，那是沒有用的。

養成孩子自主學習的態度

但是一般人卻信神通信得一塌糊塗，跟他說明也不大有用處，他還是要相信，把希望寄託在這上面，真是可憐。現在最流行的就是超能力、神通、催眠，其中還是騙局居多。

　　再說我那個學生，班上有一個孩子很愛搗蛋，常欺負同學，他就把孩子找來，用禪宗的方法連連逼問他：「誰是你？你是誰？」問到最後孩子整個傻住了，回去之後也不搗蛋了，變呆呆的，頭都昏掉了。像這種不當的施教是很危險的，一不小心可能把孩子弄成神經有問題。

　　有了這兩次教訓，那位老師才不敢亂用方法了。

　　所以，我們要注意，孩子如果自己要學習，可以教他，等他心識鞏固了，再教他進一步的東西。除非他的天資很好，否則不要一開始就勉強塞給他太多東西。

　　訓練自主學習比強制學習更能啟發佛性，父母親千萬不要有控制的欲望，要培養孩子自主學習的態度。

　　有的父母會向他人誇耀：「你看看！我的孩子五歲就會背《心經》了也！」然後另一個也不服輸：「那有什麼了不起！我的小孩五歲就會背《金剛經》了！」

　　碰到這些人，我就跟他們說：「我的鸚鵡也會背《心經》。」如果遇到更厲害的，我就把CD來放：「你看，我的音響可是會唸整套《華嚴經》。」

孩子會背《心經》或咒語都是很好的，但父母千萬不要強制他學習，並且拿來向他人炫耀。

學習掌握緣起

一切佛法都是從因緣而起，所以我們要掌握法性緣起的理則。因緣法在佛法中有整套的教法，講緣起、理事一對，「有因有緣世間集，有因有緣世間滅，有因有緣集世間，有因有緣滅世間。」

「有因有緣世間集，有因有緣世間滅」，這是講因緣之理，講它的法性。「有因有緣集世間，有因有緣滅世間」，這是說緣起的現象。

大菩薩是最會掌握緣起，他掌握緣起的時空環境來引導眾生走向解脫，所以他是時空的掌握者，掌握最恰當的時空，但是不執著，他創造風潮，但是不會自己在裡面受樂，我們應當有這樣的了解。

我們面對孩子時，也要以佛法為緣起，以這樣的因緣來成證最恰當的菩提道果，不要用自己的喜惡來操縱，孩子適合修學那一種法門，適合走什麼路，讓他自己抉擇。

就像如果孩子適合或喜歡修觀世音菩薩的法，我們不要因為自己喜歡文殊菩薩，就叫他改修文殊菩薩的法，不要用自己

的善惡去操縱他。而修學觀世音菩薩，最主要是觀世音菩薩的十種心行：大慈悲心、平等心、無為心、無染著心、空觀心、恭敬心、卑下心、無雜染心、無見取心、無上菩提心。如果我們要孩子學習觀世音菩薩，從小就要培養他的慈悲心，而慈悲不一定是要念觀世音菩薩的聖號才叫慈悲，而是要學習觀音菩薩的十種心行，自然而然就具足慈悲了，如此一來他已是觀世音菩薩。具足觀世音菩薩十種深心，讓他整個體性溶入名相之中，但是不要控制他。學習觀世音菩薩了知觀世音菩薩是有智慧的，所以要幫助孩子寓悲於智，把智慧放在慈悲當中，讓他學習慈悲得很有智慧；如果要他學習文殊菩薩，就要教他寓悲於智，教他學習智慧得很慈悲，至於我們要如何教育他，也是我們自己學習的課程。

我們伴隨著佛寶寶成長，自己也慢慢走向圓滿的道路。

第三章

・伴隨著孩子成長・

幫孩子自己解決煩惱

很多父母喜歡送孩子到處學東西，深怕孩子輸在起跑，但是我們回過頭來想想，孩子學的這些才藝，對他以後有多大的幫助呢？或許你可以說出很多的好處，但是學了這麼多的才藝，好像煩惱也沒有減少，大人已經學那麼多東西還是有煩惱，也無法改善自己的人生，更何況是孩子。

我們要幫助孩子學習，但不要讓學習成為負擔，成為煩惱。

而且在多聞學習之後，是否能夠相應運用於生活之中也是一個重要課題，學習是為了讓自己的生命更加的美好。

教孩子解讀心中的煩惱

我們幫助孩子解決煩惱，同時這也是解除自心中的煩惱。馬祖禪師曾說：「不要拋卻自家寶藏，到處亂走。」閱讀心中的煩惱，降伏煩惱，過程其實就像讀一本佛經。佛陀所講的經都是如何解除煩惱的過程。只有這樣，我們才能降伏自心的煩

幫助孩子解決煩惱，同時也是解決我們自己的煩惱

惱，甚至發現自己的不足，透過閱讀經典，祈求善知識的導引。

這樣讀佛經才有意義，才有驅力，否則就像家中添購一些奇奇怪怪的傢俱。一聽人家說這個椅子很好就買，那個椅子也不錯又買，結果一個客廳買了八十八種椅子，絆手絆腳，有時候坐了還會跌倒。很多人看經典就像這樣，記了很多種不同的講法，如果不能掌握經典的根本精神，不能攝持經典根本的義理，如此就產生衝突，徒增困擾。

「佛說一切法，為度一切心，我無一切心，何用一切法。」我們要清楚地了解自己的煩惱，當煩惱產生時，可以以佛法或是我們所學習的方法來對治超越。利用佛法來對治個人煩惱並不困難，只是大家沒想到；如果當下心有煩惱時就把它破掉，這就是心的經典。

如果父母能夠不以此為滿足，不只要把自己的煩惱去除，還想要幫助孩子及其他的人。發現自心中除了煩惱之外，還有金剛種子，也就是菩提心。這是當他幫助孩子時或其他人時，心沒有染著的慈悲，永遠不被污染、不被破壞的清淨種子。就在這時候他要開發這最清淨、堅固的金剛心，要發起甚深行願——願救度一切眾生。這心一發起，就變成如同善財童子一般，發起菩提心，修普賢行，要圓滿毘盧遮那佛果。

一心一意地幫助孩子

當我們發現自己有煩惱，看到孩子也有煩惱；自己有痛苦，孩子也有痛苦，因為悲心的緣故，我們看到孩子的煩惱，於心不忍，忽然忘記了自己的事，一心只想幫助孩子。

《紅樓夢》有兩個例子，雖然一般人可能會覺得蠻可笑的，一方面是拿這來比喻菩提心，一方面是由於大家對賈寶玉的刻板印象。但是，在我修行的過程中卻受到這個故事的感動。

有一次，一個婢女端著湯進來，有人嫉妒寶玉，就故意撞了婢女，整碗熱湯幾乎都灑在寶玉身上，但只見寶玉關心地問婢女燙著沒有，對自己身上被潑到卻是忘了。又有一次，另一個婢女因為有心事，自個兒在外頭塗鴉，忽然下起大雨，寶玉經過看到，趕緊跑出去喊她：「你都淋濕了，快進來吧！」但他一點也不知道自己也淋濕了。

這個例子很有劇場的效果。當然，經典裡比這偉大的佛菩薩很多，但是這個例子會讓大家感覺比較親切。

是否有這種經驗：突然之間忘記了自己的煩惱痛苦，只關心別人？如果能把這種經驗不斷擴增，最後忘我，這就是菩提心很堅固。龍樹菩薩在《大智度論》卷九十五中提到三種人的修行；第一種人為了自利的緣故而修行，第二種人為了自利利

他的緣故而修行，第三種人完全是為了利他而修行。究竟而言，菩薩行只有一種——為利益一切眾生而修行，為救度一切眾生而修行，這才叫做菩薩行。如果是為自利利他而修行，這是雜行，不是純粹的菩薩行。

大家不要聽到自利利他是「雜行」，就反對它了，應該是說：行菩薩行很好，只是能行究竟的菩薩行更好。所以，是不是發起菩提心？遇到善知識時，能否真誠地說：「善知識啊！我來向你求法不是為了自己，而是為了一切眾生，我已發起阿耨多羅三藐三菩提心，已發起無上正等正覺之心，現在向您求法，請把法要告訴我。」如果這位善知識沒有肅然起敬地站起來接受你的請法也無妨，如果他有法，還是要學的。能這樣修行，才算是正行，才是真正的菩提行。

有的人以為一定要等自己有成就以後才能幫助別人，其實不然。否則，我們如何幫助自己的孩子呢？即使是我們在尚未圓滿時，也要隨時幫助孩子、幫助別人，在這樣的過程中，發現自己的不足而加緊修學，隨著自己悲心和智慧的增長，能具有更大的力量，也能更恰當地幫助眾生完成其個別的願行。如果有人嚮往解脫行，我們就要建議他走向好的解脫行，若是有人要走菩提行，我們就要想想如何來圓滿他的菩提行。

誰是善財童子？善財童子現在在哪裡？如果我們能如前所

說而行，我們就是善財童子，具足悲心、願力才能長遠地來成就，同時我們也幫助孩子成為善財童子。

長養孩子的佛心

　　在孩子成長的過程裡，我們要幫助孩子，長養孩子的心，最後圓滿他的理想生命。而且在這過程中，我們不僅幫助孩子同時也是幫助自己完成圓滿理想生命，進而幫助每一個生命體的成長。在這樣的過程中，不管是對我們的孩子、孫子，或是其他的孩子，甚至對我們自己，都要把他當做佛寶寶，看到我們自己的佛心，幫助佛心成長，從佛性的種子長成如來的大樹，最後成為大法身，讓佛心脫離所有的纏縛而成長，這才是活活潑潑的佛心。

　　佛性、佛心代表成佛的可能，我們好好地伴隨孩子成長，幫助孩子圓滿覺悟的生命。所以我們要在因緣上努力，了知每一個佛心、每一個佛性在各種不同因緣條件下成長的機會，要觀察每一個佛心已經事先轉動的痕跡。我們必須以每一個生命體為中心，以每一個佛心、每一個孩子以他們的特性為中心來幫助孩子成長，而非用父母的意識、情緒、喜惡來主導，這才是教育的可貴之處。

順著孩子的生命趨向，幫助他發起比本性更高的願景

長養佛心的典範

我們要長養孩子的心，如果有範例可以學習，那是最好的。佛教經典《華嚴經》中有一位善財童子，他為了長養他的心，向五十三位智慧長智學習，我們看看他整個學習的歷程。

善財童子為什麼被稱為「善財」呢？因為他投生入母胎時，家宅內自然湧出七寶樓閣，樓閣下有七種潛伏地底的寶藏，寶藏上地面更自動裂開，生出七支寶牙，就是所謂的金、銀、琉璃、玻璃、珍寶、硨磲、瑪瑙七種寶物。

善財童子身處母胎中十月之後誕生，出生時形體四肢端正具足。同時家宅地下又湧出七大寶藏，長寬高各滿七個手肘，光明照耀。接著，屋宅中又有五百種寶器湧出，各種寶物自然盈滿其中：金剛皿中盛滿一切妙香，香皿中盛滿種種衣物，美玉皿中盛滿種種上好妙味的飲食，摩尼寶皿中盛滿種種殊勝奇異的珍寶，黃金皿中盛滿銀，銀皿中盛滿黃金，金銀皿中盛滿琉璃及摩尼寶珠，玻璃皿中盛滿硨磲，硨磲皿中盛滿玻璃，瑪瑙皿中盛滿珍珠，珍珠皿中盛滿瑪瑙，火紅摩尼寶皿中盛滿水藍色的摩尼寶珠，水藍色摩尼寶皿中盛滿火紅的摩尼珠，如是等五百種寶器都自然湧現。同時，天空又雨下各種寶物以及各種財物，充滿所有的庫藏。

因為這個緣故，他的父母、親屬，以及善於為人看相的相

師，就叫這個孩子「善財」。這位善財童子，過去曾供養諸佛，種下許多善根，信解廣大，常樂於親近善知識，身、語、意業都沒有過失，又能清淨地修習菩薩道，求取一切智，是成佛的法器，心意清淨如同虛空，迴向菩提無所障礙。

當時，文殊菩薩來到福城說法，善財童子也在其中聽法。

文殊師利菩薩為善財童子以及大眾演說許多法門之後，就懇勤地勸喻大家，增長大眾善根的勢力，讓大眾歡喜，發起無上正等正覺之心，並讓他們憶念過去世的種種善根。之後，菩薩便在此地為眾生隨宜地說法，然後離去。

這時，善財童子從文殊師利菩薩處聽聞諸佛的種種功德後，一心想要勤求無上正等正覺，於是便尾隨文殊師利菩薩之後而說出他的渴求。

文殊師利菩薩聽了善財的祈求，宛如象王般地迴視，仔細地觀察善財童子並回答：「太好了！善男子啊！你已經發起無上正等正覺之心，也想親近一切的善知識，詢問菩薩所行，修習菩薩道。善男子啊！親近供養諸位善知識，是得以具足一切智慧的最初因緣，你千萬不要心生疲憊厭倦。」

善財童子一心欲求無上正等正覺，他急切地請問文殊菩薩：「只願聖者廣大地為我宣說，菩薩應該如何學習菩薩行？應該如何勤修菩薩行？應該如何趣向菩薩行？應該如何實行菩

薩行？應該如何清淨菩薩行？應該如何證入菩薩行？應該如何成就菩薩行？應該如何隨順菩薩行？應該如何憶念菩薩行？應該如何增廣菩薩行？應該如何才能疾速圓滿成就普賢行？」

文殊師利菩薩就為善財童子宣說以下的偈頌：

善哉功德寶藏，能來至我處所，發起大悲心願，勤求無上正覺。
已發廣大願力，除滅眾生之苦，普為有情世間，勤修菩薩大行。
若有諸位菩薩，不厭生死之苦，則具足普賢道，一切無能破壞。
福光福威德力，福處福淨之海，汝能為諸眾生，誓願修普賢行。
汝睹見無邊際，十方一切諸佛，皆悉聽聞佛法，受持不曾忘失。
汝於十方世界，普見無量諸佛，成就諸大願海，具足菩薩大行。
若能入方便海，安住諸佛菩提，則能隨導師學，當成就一切智。
汝若遍一切剎，微塵等諸時劫，修行普賢行願，能成就菩提道。
汝若於無量剎，無邊諸劫大海，修行普賢行願，能成滿諸大願。
此等無量眾生，聞汝皆願歡喜，皆發菩提心意，願學普賢大乘。

文殊師利菩薩說了這首偈頌之後，再次勉勵善財童子：「太好了！太好了！善男子啊！你已經發起無上正等正覺，求菩薩行。善男子啊！如果有人能發起無上正等正覺，已經算是很難得的了，而他若能在發心之後，還繼續求取菩薩行，這更是難得。善男子啊！如果你想成就諸佛的一切智慧，就應該決定尋求真正的善知識。善男子啊！求訪善知識時，切勿心生疲

倦懈怠，參見善知識勿心生滿足，對於善知識所有的教誨，都應該隨順實行，不要只看善知識各種過失。」

文殊菩薩如此勉勵善財之後，就引介他去參訪德雲比丘，不但如此，每一位他去參訪的善知識都引介他繼續去參訪另一位善知識，這就是大家熟知的「善財五十三參」。

善財依序參訪了那些善知識及法門呢？

1. 文殊菩薩

2. 德雲比丘──憶念一切諸佛境界智慧光明普現法門

3. 海雲比丘──諸佛菩薩行光明普眼法門

4. 善住比丘──普速疾供養諸佛成就眾生無礙解脫法門

5. 彌伽大士──妙音陀羅尼光明法門

6. 解脫長者──如來無礙莊嚴解脫法門

7. 海幢比丘──般若波羅蜜三昧光明

8. 休捨優婆夷──離憂安穩幢解脫法門

9. 毘目瞿沙仙人──菩薩無勝幢解脫法門

10. 勝熱婆羅門──菩薩善住三昧、菩薩寂靜樂神通三昧

11. 慈行童女──般若波羅蜜普莊嚴法門

12. 善見比丘──菩薩隨順燈解脫法門

13. 自在主童子──一切工巧大神通智光明法門

14. 具足優婆夷──菩薩無盡福德藏解脫法門

15. 明智居士——隨意出生福德藏解脫法門

16. 法寶髻長者——菩薩無量福德寶藏解脫法門

17. 普眼長者——令一切眾生普見諸佛歡喜法門

18. 無厭足王——菩薩如幻解脫法門

19. 大光王——菩薩大慈為首隨順世間三昧法門

20. 不動優婆夷——求一切法無厭足三昧光明法門

21. 遍行外道——至一切處菩薩行法門

22. 鬻香長者——調和一切香法門

23. 婆羅門船師——大悲幢行法門

24. 無上勝長者——至一切處修菩薩行清淨法門

25. 師子頻申比丘尼——成就一切智解脫法門

26. 婆須蜜多女——菩薩離貪際解脫法門

27. 鞞瑟胝羅居士——菩薩所得不般涅槃際解脫法門

28. 觀自在菩薩——大悲行法門

29. 正趣菩薩——菩薩普疾行解脫法門

30. 大天神——菩薩雲網解脫法門

31. 安住地神——不可壞智慧藏法門

32. 婆珊婆演底主夜神——菩薩破一切眾生暗法光明解脫法門

33. 普德淨光主夜神——菩薩寂靜禪定樂普遊步解脫法門

34. 喜目觀察眾生主夜神——大勢力普喜幢解脫法門

35. 普救眾生妙德夜神——普現一切世間調伏眾生解脫法門

36. 寂靜音海主夜神——念念出生廣大喜莊嚴解脫法門

37. 守護一切眾生主夜神——甚深自在妙音解脫法門

38. 開敷一切樹花主夜神——出生廣大光明解脫法門

39. 大願精進力救護一切眾生夜神——教化眾生令生善根解脫法門

40. 妙德圓滿神——菩薩於無量劫遍一切處示現受生自在解脫法門

41. 釋迦瞿婆女——觀察菩薩三昧海解脫法門

42. 摩耶夫人——菩薩大願智幻解脫法門

43. 天主光童女——無礙念清淨莊嚴解脫法門

44. 善知眾藝童子——四十二字母法門

45. 賢勝優婆夷——無依處道場解脫法門

46. 堅固解脫長者——無著念清淨莊嚴解脫法門

47. 妙月長者——淨智光明解脫法門

48. 無勝軍長者——菩薩無盡相解脫法門

49. 最寂靜婆羅門——菩薩誠願語解脫法門

50. 德生童子、有德童女——菩薩幻住解脫法門

51. 彌勒菩薩——無量總持門、菩薩不可思議自在解脫門

52. 文殊師利菩薩——令善財成就阿僧祇法門

53. 普賢菩薩——一切佛剎微塵數三昧法門

當初善財童子是依止文殊菩薩而成就的，我們不一定要跟善財一樣依止文殊菩薩，我們可依照自己與佛菩薩相應的情形來選擇，依止任何一位相應的佛菩薩，在這過程中我們可以遍參遍學，成就如同善財童子的心、善財童子的願，具足其修、行、願，必然成就毘盧遮那佛果。

如果我們現在開始發心，那我們就是善財童子，我們即將進入普賢行願，將成為普賢菩薩，這樣走下去，未來一定可以成為毘盧遮那佛，這是《華嚴經》給我們的啟示。我們對於下一代的教育也是如此。

善財童子經過文殊菩薩的策發之後，遍參遍學，他每來到一位善知識的面前，都會先說道：「善知識啊！我已經發起阿耨多羅三藐三菩提心了，請問您：我接著應如何修學？如何增長？如何圓滿？」

善財童子這樣的說法是值得我們要學習的，到每位善知識處參學時，問問自己是不是已經發起菩提心，請善知識來指導我們增長佛心，指導我們成就。我們也要教小孩如此來做，而不是用貪婪的心去參訪善知識，只用貪心去向成就者偷法。

當下是幫助孩子的好時機

什麼時候是幫助孩子的好時機呢？什麼時候是我們開始行菩薩行的好時機呢？就是當下，當下就是好的因緣時節，沒有比這更好的時節了。

我們要有願無望，不要被希望所控制，不要背負著未來心的期望，要當一個無怨無悔的本來人，幫助孩子從童年、青年到成年，這就是幫助孩子佛心成長的軌跡，永遠相續不斷。

我們的孩子，他可能是瞋心大的，也可能很多事情都不懂，所以我們要教育他。瞋心大的孩子，可以用慈悲心來教育他，把他的瞋心轉成智慧。我們可以從對治消除的方法和增長超越的方法來看，有時可用不同的、互補的特性來使其調和，有時可以順著他的特性來淨化。把貪心斷掉或是把貪心昇華、淨化就轉成慈悲；把瞋心斷掉，瞋心的敏銳性有時是智慧的種子，把愚痴心斷掉，不疑的特性就昇華成信願；把三毒中染污的部分切掉，把體性昇華，這是增長超越的方法。

另一個方法是消除的方法，例如：貪用悲來斷絕，瞋用慈來對治，痴者可以學習分析。我們幫助孩子扶其本行，斷除他的染著，或將其昇華超越。

在我們的一生中，何處不是學堂？何處不是道場？何時不是我們成長的因緣？童年如此，青年如此，成年亦然，這一切

都是佛心成長的軌跡。我們就從此刻開始，永遠不退，一同來
學習、來圓滿普賢行願，做一個初發心的善財童子，學習使一
切眾生成就毘盧遮那佛！

引導孩子建立廣大志向

對於我們的孩子，陪著他成長，這樣看著他，直到他成為一個善財童子時，他已是一個堅貞不變、具有純真智慧、永遠的童子。純真的智慧，智慧的純真，他是沒有迷惘的、清楚的，他的純真裡沒有染污，他的純真裡沒有愚痴，他心中已經埋下金剛種子，不會再褪色。

心地廣大如虛空

我們在幫助孩子不斷地成長的過程中，同時也幫助我們自己拆除許多障礙。除去這些障礙最大的力量就是願力和悲心。

經中記載：「心地廣大如虛空」，但一般人對這句話一點感覺也沒有，因為大家從未把它視為生活中的一件事來做，只把它看做佛典中的一句話。心地廣大如虛空，是要我們發起廣大不可思議的願力。就消極面而言，是不要讓心有所障礙，就積極面而言，則是要讓大家的心和一切諸佛菩薩同等發願。

如何是讓心沒有限制呢？舉個簡單的例子，就是不要拿種

花的盆子種大樹。大家是否看過那種百年的榕樹或松樹的小盆景呢？以前有個朋友就有一盆二百年的古榕樹，很古，小小的，每天他都要剪枝、施肥、澆水。澆水還不能像我們平常澆花一樣用那麼多的水，要一點一點的澆，免得把榕樹淹死了，它兩百年才長一點點。當然，這種盆景有其經濟價值，但是如果用這來比喻我們的修行呢？就像我們用小鳥那麼小的心來修行，用一個小小的盆子來種大樹，每天花很多心力來剪修，也許還要拿顯微鏡來看，這樣細心照顧，結果一百年、兩百年、一千年之後，它還是這麼一點點。

也許有人會用大一點的盆子來種，即使是像汽油桶那麼大，但是和大地比起來，和虛空比起來，卻顯得那麼小。如果我們的心有限制的話，就永遠在限制中成長。我們為什麼不把這樹從盆子裡移出來種在大地上呢？把周圍的環境處理好，讓它在大地中自然發芽、茁壯，不必每天去看長高幾公分，不必天天剪枝澆水，偶爾去看一看，一百年、兩百年後，這大樹所成的樹蔭連綿幾里，能讓多少人乘涼啊！

我們的心要這麼廣大，也要教我們的孩子有廣大如虛空的心地。很多人只注重一些小功小行，沒有注重心地，就如同把大樹種在小盆景內，永遠種不大，而且要很努力才能保持其生機。如果我們要發心，像觀世音菩薩的心，像阿彌陀佛的願

除去障礙得力量就是願力與悲心

力。大法雨將盡，連樹木都已經倒下去了，更何況是小草、小樹？這時如果你是大樹的話，才能馬上成就。「大象者不由小徑，大行者不拘細節」，所以一定要大心立大志，有遠大的理想，才能成就廣大的事業。

積極實踐心願

這就像我們站在圓周上要到圓心去，如果是用繞的話，繞了一千圈、一萬圈，都還是在繞圓圈；但是，如果我們看準了圓心，一步跨過去就到了。這其中最大的困難不在外境，而是在我們心中。

我們在自己心中與圓滿生命之路上築了一道迷宮，繞了半天。太早完成，我們會感覺不對，心想哪有那麼簡單，所以告訴自己一定要繞，如果一步跨過去一定有問題。於是心裡就在那兒想「有問題、沒問題」，花了許多心思。其實，有沒有問題，走到了就知道了，放膽地踏下去，如果有問題再修正就好了。如果到了就覺得自己好了不起，那一定沒有完成。

有的人更誇張，呆坐考慮了一百年、一萬年，都已經變成骷髏頭了，還在那兒沉思，表現出一副很有智慧的樣子。

我們不要為自己建立迷宮，迷宮就像如果有人常自嘆：「哎呀！我的罪業深重，我是下劣低賤的人。」遇到有這種想

法的人，我都會問他：「你有神通嗎？不然怎麼知道自己根性下劣？」他聽了這話又轉憂為喜地說：「那我不是根器下劣，必定是上根器了？」這真正是有毛病的人。我們不用花那麼多心思來看自己到底是上根器、下根器，只要接受目前的事實，把未來的方向定好，階階上進就對了！我們要檢測的是現在要走的路到底是對的還是錯的，而是不用過去心一直反覆思惟。

人是很可憐的，幾乎有百分之九十九的心思都花在辯證自己是對是錯，百分之一才用來行動。真正做對一件事時，自己還不肯相信，做錯了事，遭到別人的質疑，卻又拼命想辯解，人就是這麼可憐，因為我們不肯落實下來。

像佛法中說每個人的佛性和佛的佛性並沒有什麼差別，最大的差別是在佛的佛性有作用，而我們沒有作用。最根本的原因就在於我們認為自己很差，所以堅持用自己的貪、瞋、痴、慢、疑來行一切事，不肯用佛性。

我曾寫過一句「地獄唯一人」，這個人就是我，因為我是最差的，剩下我一個人很輕鬆，不必為自己的存在辯解，不必和人家爭辯我有多好多壞，因為我是夠爛的了，就不必辯解。但是我還是可以成佛啊！誰能妨礙我呢？以佛陀自許，這才是從凡夫直接到成佛的路。

有些人可能修行的功夫很好，但是就不肯直接跨越過去，

一直思考著：「我這樣好？那樣好？還是這樣走比較好！不不不！那樣走好了！」相反的，有些人可能程度遠不及這些人，但是他到成佛之路是走直線，不繞圈圈。繞路的人，理論上是有無限彎彎曲曲的路要走，是無限的。所以原本近的反而遠了，遠的反而近了。一般人走直線並不太容易，但是我們也稍微彎一下就好，不要真的花一百萬年研究自己到底有沒有佛性，研究了半天才肯去做。如果覺得有道理，要趕快去實行。

　　想清楚就做了！為什麼會從外在判斷的立場來想它有沒有道理、來評斷這個事情？若這樣子的話，心就太弱了！實行的力量太弱了！要了解立即實踐的道理，我們要保持悲心與願力的長遠，用願力做中心，要發永恒的願，永恒的願就是四弘誓願：「眾生無邊誓願渡，煩惱無盡誓願斷，法門無量誓願學，佛道無上誓願成。」

廣大志向的根本是悲心

　　這誓願的基本是悲心，也就是「眾生無邊誓願度」，無邊的眾生誓願度，這誓願的最上層是──佛道無上誓願成，這其中要經過兩個過程，一個是發現我們有無限的煩惱。一是看不到自己的煩惱，這有二種可能，一個是他很有智慧，一個是他很沒智慧。很有智慧是指煩惱真的都被破除了，沒有智慧就是

有煩惱，因為智慧不夠所以看不到煩惱，我們可以回去檢查看看自己是屬於愚痴類，還是屬於智慧類。

「法門無量誓願學」，因為自己有煩惱，所以要學習很多法門來對治消除，除了對治消除自己煩惱之外，也要幫孩子超越煩惱，對治眾生的煩惱，這也是為什麼要修學一切的方法，這是四弘誓願。四弘誓願是菩薩的共願，除這四個共願之外，其他的願要全部落實在自己的生活上面，與生活愈相應的願，在生活上愈能實踐，這是菩薩行，這是生活中的菩薩行。

如果在醫院工作的人，可以發藥師佛願，如果做社會服務工作的，可以發觀世音菩薩願，如果當建築師或是想使世界的人都活得很安穩的人，可以發阿彌陀佛四十八願；現在道德太淪落了，要提倡大家永遠不生氣，永遠慈悲，永遠柔軟，可以發一個阿閦佛不動佛願。

選擇一個自己的本願，或是把幾個綜合起來做自己的願，以自己的生活為中心。以生活為中心最主要有兩個原則，一個是屬於對治門，一個是屬於增長門。對治門是什麼？是我們有什麼煩惱就對治，發起克制煩惱的願，這是對治門。譬如說小孩子脾氣不好，那可以教導孩子學習彌勒菩薩練習慈心三昧，告訴他每天要笑嘻嘻，並規定他早上起來第一件事情是要笑，晚上睡覺之前要笑，睡覺的時候要笑，眼睛要笑，嘴巴要笑，

鼻子也要笑，整個身體的毛孔舉身微笑，能夠做到舉身微笑的境界，相信個性已經改變很大了，這已經是善財童子在華嚴境界裡面，舉身毛孔微笑的境界。

以前我在護七的時候，也有過這種經驗，有一天當我讀四十華嚴，讀到善財童子舉身微笑，啪！就入定了，感覺到整個毛孔都在微笑。將這經驗告訴大家，只是要加強大家的信心，相信這是可以達到的境界。舉身微笑，可以對治瞋心的！

隨順孩子的覺性

另外的方法就是順著孩子本來的個性的趨向，和他原有的生命趣向相應。如果孩子本性是很慈悲善良，那幫助他發比觀世音菩薩更大的願。

如有孩子對設計建築很有興趣，那可以將阿彌陀佛的故事告訴他，將《阿彌陀經》中的境界介紹給他。阿彌陀佛觀察二百一十億個佛土，把二百一十億個佛土能夠幫助眾生修行的建築特色全部融攝起來，他經過五劫的思惟，就建立了極樂世界，所以阿彌陀佛是參照很多世界之後才來建立極樂世界的。

告訴孩子阿彌陀佛是一個很好的佛法教育園長，他建立宇宙中最好的佛法大學，所以很多其他世界的人都到那裡留學。透過這樣的溝通，如果孩子對於建築設計很感興趣，可以教孩

子在設計作品時，把每個建築物都當作極樂世界來設計。

　　如果孩子想當醫生或護士，除了學習一般的醫護方法之外，可以培養對病人的悲心，替病人多唸二十一遍藥師咒，教導孩子成為藥師佛。如果很喜歡做些家事，也可以教孩子想想觀世音菩薩的行逕，想想觀世音菩薩如何做家事，如果很喜歡學東西，也可以告訴他《華嚴經》中的善財童子五十三參的精神來學習。

　　用永恆的願力，無間的悲心，現前不斷修行的定力，如實的智慧，來長保悲心、願力的長久，我們可以如此幫助孩子。有願是不夠的，要成為願力才行，要有實踐力。

　　有些教徒每天都持誦咒語或是四弘誓願，如果我們只是嘴巴唸，沒有行動，這是「空口白願」，願是要成為願的力量，願力是能夠實踐的，能夠融入生活的，日常都能用的，這才是願力。

　　我們不能只是在嘴巴或心上希望孩子好，而是要去實踐。一個對自己生命真正負責的人，光是發這個願時，馬上能感受到，毛孔都會發麻，都會發顫，整個身體都有覺受的，碰到關於自己心願時，就馬上執行的，這就是願力了。像佛法中「陀羅尼」的意義，除了咒語的意思外，就是所謂的總持，心要自然的法爾總持，也就是隨時隨地記得自己的願力。

有人說隨時隨地記得自己的願力，是不是就是每天早上都背誦自己的願？這好像是說我們希望孩子好，晨起時就背誦說：我希望幫助自己的孩子完成圓滿生命，希望能幫助他斷除煩惱…這是唸出自己的心願，跟總持願力無關，總持願力不是說腦中有這幾個字，而是要將心願融入我們的生活內容，看到這個事情就自然而然去做了，這叫願力，叫總持，如此才能真正幫助孩子。將之擴大，為更多的人做更多的事，就如同菩薩的四弘誓願。

　　碰到與誓願有關的事情，觀察自己是否會馬上依願力去做這件事情？果能如此，才是相續不斷，這會深入你的細胞，但不是說在細胞寫幾個字。如果我們在身上寫《金剛經》，或是在身上刺青紋身《金剛經》，或將不動明王紋在身上，或身上紋經文、咒語，恐怕這唯一的好處是連鬼看到都會害怕。泰國有些人，把頭髮剃掉在頭上刺咒語，除了鬼看到會怕外，其實作用不大，但是修行的作用不只是這些。

　　願力是深入到每個細胞，自然碰到這種狀況你就會依願力去做的，這叫總持三昧，也叫陀羅尼，陀羅尼是安住不動，總持是從這陀羅尼中產生力量，去執行，所以願要有願力，不能夠只有願。這就像是《金剛經》中所講的從願菩提心到行菩提心到勝義菩提心來逐步超越，我們以無相行之，這就是無間的

願力，無間的悲心，慢慢地證入最究竟的無間流水三摩地。

我們有這樣的願力、悲心，永恒的願力，無間的悲心，現前的定力，如實的智慧。用悲心、願力、智慧、定力來統攝世間與出世間的一切。若是一位菩薩行者則以出世間的心，以出離的心，以遠離、不執著的心，以如幻的心來看這世界，但是由於悲心的緣故，所以能夠如幻、不執著，重新回入世間，融攝一切來為眾生服務，永不後悔。即使在臨死的刹那，身體被眾生切成千百億片，他也不會後悔，沒有一絲遺憾。

學習尊重一切生命

　　父母幫助孩子就像菩薩幫助眾生是永不後悔的，當我們把這種精神昇華，來幫助其他人，恐怕在幫助孩子的過程中，我們也邁向了菩薩之路。我們來看看《中觀》裡的提婆菩薩的行徑。提婆菩薩是龍樹菩薩的弟子，博識淵覽，才辯絕倫，但因眾生不相信其言而引以為憂。

　　當初提婆所在的國家中有一尊黃金鑄造有丈二高的大自在天神，非常靈驗，人們若有所求，多能如願。提婆為了啟發大眾，便入廟求見大自在天，並對這天神說：「你當以威靈來感化大眾，並以智慧、德行調伏眾生才是，怎麼以黃金、寶石之外相來迷惑大眾呢？我想這也不是你所希望見到的吧！」說罷就爬上梯子，鑿出神像的眼睛。

　　當時在場有數千萬人，大家議論紛紛，大自在天神怎麼會被這個區區婆羅門如此屈辱？其實這是因為提婆說得有道理，大自在天辭窮理屈。提婆菩薩就趁此機會告訴大家：「大自在天神高明遠大，他讓我這麼做是要告訴你們：神不是一定要附

在這麼華麗的外形上的，我這麼做也無法屈辱神，對祂也無所損害。」

次日清晨，他請大眾誠心備饌，供養大自在天，天神果來應供，對此讚歎不已，但祂因左眼被提婆摘掉了，所以要求提婆菩薩將其左眼布施給祂，提婆菩薩毫不猶豫地伸手摘下左眼，但是天神以其神力又使其復原，再索求一次，如此從早到晚索眼不已，提婆菩薩所摘出之眼數已上萬。

最後天神讚歎地說著：「太好了！這真是真正無上的布施啊！」

後來，提婆菩薩因辯論力故，收伏了無數外道論師，論師的弟子們也必須跟著歸服。但是在這些外道的弟子之中，有不少以為這是奇恥大辱，有一個決定以實際行動來報復，就趁提婆菩薩獨自一人經行時拿刀跳出來，兇狠地對提婆菩薩說：「你以口辯論破斥我的老師，我就用刀子來破開你的肚子！」說完就衝上前去刺向提婆菩薩，菩薩的肚子剖開，內臟都流出來了，他還擔心這個弟子的安危：「那邊的坐處有我的衣服，你換上我的衣服趕快朝山上逃吧！我的弟子們並不是都已證得空性，捉到你定會把你交送官府，你快走吧！」

這是永不後悔的菩薩的行徑。

尊重一切孩子是未來佛

沒有人比中觀菩薩更踏實了，因為他的空性已經完全通徹，空越大，悲越大。何處非道場？何時非菩薩？在生活中，我們要永遠當一個真實的菩薩，尊重自己，尊重孩子，尊重我們是未來佛，也尊重一切眾生是未來佛，除去我們的下劣心、我慢想。

在《維摩經》中，維摩詰菩薩對彌勒菩薩說：「彌勒啊！如果你已經得到佛的受記，那麼一切眾生也應該已經得到佛的受記了，因為一切眾生跟你的體性是一樣的。」如果以維摩詰菩薩的立場來看，一切眾生皆已得受記，所以我們要尊重自己、尊重孩子、尊重一切眾生，不是說我可以得到受記、你不可以得到受記，而是大家一起受記。

所以我們要同時尊重一切眾生，尊重大家都是未來佛。現在我們就是善財童子，也是行普賢行的普賢菩薩，或是還沒有圓滿的悉達多太子（釋迦牟尼佛成佛前的名字），我們要學習他的悲心和智慧，更要學習常不輕菩薩，永世不退地修學，尊重一切眾生，尊重自己，在法爾自在中發起永遠不退的菩薩行。

常不輕菩薩又稱為常被輕慢菩薩，在《法華經》＜常不輕菩薩品＞中，記載著常不輕菩薩的故事。常不輕菩薩是過去威

尊重一切孩子是未來佛

音王佛滅度後像法時期出世的菩薩比丘，也是釋迦牟尼佛的本生之一。常不輕菩薩每見比丘、比丘尼、優婆塞、優婆夷，都會禮拜讚歎地說：「我深深恭敬你們啊！不敢輕慢大家，因為你們都是在行菩薩道，未來都會成佛。」有的人聽了很不舒服，更有生氣者，拿瓦片、石頭、木杖等武器打他，但是常不輕菩薩依然恭敬如昔，遠遠地看見四眾前來，就伏地禮拜讚歎，最後連那些原本打擊他的人都稱他為「常不輕」。

常不輕菩薩臨終時，聽聞威音王佛宣說《法華經》，即得六根清淨，增益壽命，更為人宣說此經，示現神通，連原本輕慢他的比丘、比丘尼、優婆塞、優婆夷也全部歸服，最後常不輕菩薩終得成佛。

常不輕菩薩尊重一切眾生的行徑，是值得我們學習的，我們告訴孩子這個故事，尊重孩子是未來的佛陀，也教導孩子尊重一切眾生都是佛陀。

第四章

・面臨生老病死・

相互扶持走完這一生

　　看著孩子日漸長大，我們的年紀也隨之日漸增長，年老是我們每個人都會經歷的，但是，老年人應要有長老的氣魄。就是向生命的另一個階段，要有開天闢地、衝決羅網、再造一個全新生命的氣魄，要有八十餘行腳的氣魄，八十歲了還是行腳天涯。有的長老真是了不起，八十歲了還到他鄉外地去弘化，他從沒認為自己老了，也不怕客死在異鄉，反而覺得：如果真的死了就算了，一把火燒掉，千足萬足。老年人如果有長老的氣魄，是不容易有老年痴呆症。

　　會產生老年痴呆症的原因，除了末梢神經功能減退造成腦細胞弱化之外，另外很重要的一點是：有些人會得老年痴呆症是他們自己要的，恩愛夫妻如果有一方先走，因為他們太傷心的緣故，故意遮蔽腦神經的運作，很自然就得老年癡呆症了。恩愛的夫妻是人人欣羨的對象，但此情此景卻是老年喪偶的痛苦。

老夫老妻的相處之道

　　有一對夫妻到老了還是深愛著對方，不幸的是，有一天老先生突然去世了，老太太非常傷心，就把自己關在回憶裡，切斷了自己和外界的聯繫，整個人變得痴痴呆呆，連親人也認不得。只有她喜歡的人來探望時，她才認得，不喜歡的人來，她就面無表情，一點也認不得。由此可以看出這個老年痴呆症是她自己的選擇，是她保護自我的方法，也是她活下去的力量。

　　恩愛的夫妻好不好呢？

　　當親愛的伴侶先你離開世間時又如何？

　　或有人說：「那麼，夫妻還是不要恩愛好了，最好常吵架，免得分離時痛苦。」

　　但是，恩愛的夫妻分離時痛苦，吵架的夫妻卻是天天痛苦，一天到晚都在造業。

　　有人問我：「你怎麼辦？」

　　我是不用怎麼辦，這不是我的問題，而是有這個問題的人怎麼辦。

　　或有人說：「保持距離。」

　　保持距離，要保持多長的距離？十公分？二十公分？還是隨著年齡不同而距離不同？這不是究竟的解決之道。

　　夫妻間到底要恩愛或不恩愛，要吵架或不吵架？要保持距

離或不保持距離？這樣也有問題，那樣也有問題，真是大難！大難！

要解決這個問題，必須用出世間的方法來解決，看一看釋迦牟尼佛的過去生是如何談戀愛的。

燃燈佛在世時，釋迦牟尼佛當時名為雲童子或慈慧童子，他本來是在一個山上修持的行者，有一次他到城裡，聽說然燈佛要來說法，那時最好的供養是花，他就去買花，但所有的花都讓國王買走了，國王全壟斷了，不讓別人買花，他要獨自供佛。

怎麼辦呢？善慧心裡很著急，這時剛好有一位青衣婢女拿著七枝蓮花要去給國王，慈慧喜出望外地攔下她，要求將其中的五枝花賣給他，好供養燃燈佛。這青衣婢女看到善慧相貌非凡，看得出是個努力修持的行者。而且修行心很堅固，看來必然會成佛的樣子，她心中另有打算。

善慧想用五百錢買她五枝蓮花，但是這位姑娘卻說：「我可以賣給你，但是你必須答應我一個條件：有朝一日你終將成佛，若你答應從現在開始到你成佛時，我們倆生生世世都作夫妻，我才賣給你。」

善慧說：「妳這樣的發心很好，但是妳要了解，我是一個修菩薩行的人，即使有人要取我的生命，我都會很高興地捨

掉，連我的國土、妻子、兒女也會捨掉、布施掉，妳要嫁給我，可以，但是妳要有心理準備，能忍受我修菩薩行的個性，我是隨時隨地都可以把一切布施出去的。」

這個青衣婢女也不是一般女子，她聽了之後，堅決地說：「我當然接受，因為我知道這個身是隨時可以布施的，你這樣的要求我可以答應。只要求你：從現在開始到成佛，生生世世都要與我結為夫妻，莫相捨離，那麼我就把這五朵花賣給你去供養燃燈佛，並請你把另外這兩朵花，替我供養給燃燈佛，為我們的誓言作見證。」

於是善慧就拿著這五朵花及其餘兩朵花去見燃燈佛，那時下雨，地上有個水窟，善慧看到燃燈佛走過來，怕燃燈佛踏到水窟，污了雙足，因為當時的男人都是留長頭髮，所以善慧趕快跪下去，把頭髮佈在水窟上，讓燃燈佛踏著他的頭髮走過去，燃燈佛讚歎地說：「你這個修行人實在了不起，我現在受記你，在未來世必然成佛，號釋迦牟尼。」

這就是釋迦牟尼佛過去生和他太太的因緣。

第二個故事是善財的故事，在釋迦牟尼佛的某一個本生中，曾經名為善財。在那一生的因緣裡，他認識一位女子名叫悅意。

悅意長得漂亮莊嚴，是緊那羅王女，善財深深地愛著她。

但善財的父親，也就是國王，聽信小人之言，因為政治鬥爭，把善財派到很遠的地方去打仗，還想加害悅意，皇后就偷偷把她送走。等善財回來時，看到心愛的妻子失蹤了，心裡著急狂亂，不顧一切要去尋找悅意。他到處去找，看到蜜蜂也問牠：「蜜蜂啊！你知不知道我的悅意到哪裡去了？」遇到樹木也問：「你看見我的悅意嗎？」他一心一意地尋找悅意，即使路途艱險遙遠，他也從來沒有動搖，最後終於尋找到悅意。

這兩段故事除了表現出世間愛情之外，還有超越世間的意義。透過這樣的因緣，將一心一意的德性發揮起來，這就是經典裡稱的「精進波羅蜜」。世間善美的一面，再加上佛法的滋潤，會變成一個殊勝的出世間行。菩薩行就是用出世的心來融攝一切世間的道理。

由這兩個故事來回看前面的問題，夫妻當然要恩愛，但是要在這恩愛中懷有悲心，讓恩愛變成精勤向上的力量，了知無常變化，一起相互增上、相互扶持，兩人一同走向圓滿的境界。

情至深時智更深

「緣至深時情轉薄，悲至深時智更深」，我想這兩句話可以做為老年人思惟的方便。緣至深時情轉薄，這其中有兩種意

夫妻一起相互扶持走向生命圓滿的境界

義。就佛法的說法，緣是可以深到生生世世不相遠離，所以我們不會為了一時之情所繫縛。

少年夫妻整天膩在一起，看起來好像很有感情，但也是因為怕緣不深，怕對方跑掉，一直膩著對方，看起來好像很有感情，其實這同時也顯現出兩個人心的不安。

年紀大了，要看透世事，看透世事不是變得很冷淡，了無生氣，而是對生老病死要很清楚，完全看透。即使是白髮人送黑髮人也不要太悲傷，沒有什麼了不得的事情，重要的是：每一個人活著的時候，我們要幫助他。

心中的情要越來越濃、越來越深，善緣要越聚越多，悲心要越來越濃，悲心越來越濃，智慧就越來越充足，智慧愈來愈充足，就不會被一時的無常變化現象、一時的情緒所轉動，會時時刻刻做長遠的打算。

好好地發起悲心，悲心愈大，智慧就愈大，悲到最後也就沒有事情能夠啟動你的心，沒有事情能傷害你的心，因為你的心沉浸在深層的悲心中，從悲心中增長智慧，這樣子就可以稱為人間的法寶，是一個無事人，無事人是指心中無事，隨緣方便，所以不變隨緣、隨緣不變地幫助一切眾生，這樣的老人家就可以稱為一位遊戲三昧的長者，宛如春風化雨般地救度一切眾生，用圓滿的生命智慧來規劃我們的生命，在這一期的最後

生涯裡，擁有禪師的幽默。

　　我們年紀大了，要做個智慧長者，但不要當個尖酸刻薄的老人。很多老人家很尖酸刻薄，為什麼？因為他們太有智慧了、太聰明了、太有生命的經驗了，所以往往一句話就打中人的要害。

溫柔一點，渾厚一點

　　我們要用悲智圓融渾厚的生命力來相應，千萬不要尖酸刻薄。有人說：「年少的時候宜狷，年老的時候要狂」，但我認為待人不是這樣子，待人的時候，少年宜狂，老來宜狷。少年要狂，因為少年狂才有機會磨得圓，少年不要什麼事都放在心中，沒有用，想了半天，結果發現到都是些無用的垃圾，講出來準備挨打。狂一點，雖然年少時很多智慧不夠成熟，但是少年的智慧有時候很直接，能夠掌握自己的要點；長者有時候思慮過深想東想西，反而是妄想居多，所以少年狂一點沒有關係，但是老來要狷。

　　老人家講話要注意，因為他太有生命智慧了，所以，只要他生起一念微細的害人之心就很麻煩，甚至他一句話就可以讓人跳樓。相反的，老年人的智慧如果配上溫柔敦厚，可以化解許多人的煩惱。

以下的故事，或許能讓你感受老人溫柔敦厚的轉變。

有一位老太太，老是抱怨自己的媳婦太笨，沒像別人家的媳婦那麼靈巧、討人歡心。老太太耿耿於懷，不但常這麼叨唸兒子媳婦，也常對親戚說起。宗族裡有位老先生，常聽她這麼唸，有一天就對老太太說：「你也不要抱怨了，你想想看，要不是你的媳婦這麼笨，你這樣唸她她受得了嗎？聰明的女孩，心地也不一定善良柔順，娶了一個精明能幹的媳婦，整天搬弄是非，在家裡興風作浪，你年紀大了，鬥得過她嗎？倒不如好好疼這個笨媳婦，將來還孝順點。」老太太聽了，默默地不說話，往後果然沒聽過她抱怨媳婦笨了。

為什麼說老年人生起一念很微細的害人之心就很麻煩，甚至一句話就可以讓人家跳樓？因為老年人講話講得太溜了，常把別人罵得都無地自容，讓人認為自己死了一千次都是應該的，老人家就是這麼厲害。

另一方面，由於長者的生命經驗太多了，年老時他把生命中間最好的部份都呈現出來，所以用他的標準來看每一個人都是很差的。我們不要這樣，我們知道年老時放出去的箭會很利，所以要收斂一下，輕鬆一點，自在一點，溫柔敦厚一點，讓我們這一生的生命經驗轉成智慧，讓這經驗的智慧輕鬆一點，生命的眼光看外面時不要那麼銳利，自在一點，溫柔一

點，渾厚一點，這是很重要的。

當個家中的寶貝

如果銀髮族能保持幽默，時常講笑話，這應是一位智慧的長者。他們的笑話不是世間那種笑鬧式的笑話，而是他的動作、語言已經昇華為更高的境界。有時候我們很難過，心情不好的時候，他講一句幽默的話就化解了，這樣的長者是全家的寶貝，而不是負擔。

我們當然希望自己年紀大的時候是個寶貝，不是家裡的負擔。

我們年紀大的時候，不要習氣很重，老人家有時習氣重的，遠在十里外都聞得到他的味道：喔！那個老人家很固執。老人家習氣太重了不行，要自己把它化掉。用甚深智慧，法爾自然的遊戲三昧，享受他的老年。這是生命中的遊戲，是大自然的遊戲。他悠遊於人生，因為他已經無事了，悠遊自在，他法爾之間自然增長福德、幫助眾生，自然能使一切眾生得到最究竟、最深的利益。他能夠徹見因由，徹見一切因，不再落在果上面，隨時隨地掌握機緣，果地自然圓成，這樣的遊戲三昧，春風化雨的圓融生命智慧，是一個長老最後要達到的境界。

在我們一生的生涯當中，從初始的學習到安家立業，到年老到處遊化，整個生命就像是個圓周，我們這個生命顯現生老病死、生住異滅的過程，這過程在下輩子或許會不斷地相續、轉動，在這不斷轉動生老病死的過程，我們的生命智慧也漸漸地圓滿，我們的福德也漸漸圓滿，最後達到圓滿理想的身心境界。

如何保持年輕的心

　　年紀大了，有時常常覺得世間的事情沒有什麼值得去追求的，因為已經停止運作很多世間的事情，這世間已經沒有什麼事情，既然無事，就多做些無事忙的事情。心中要無事就去忙一忙。

無事忙

　　什麼是無事忙呢？就是智慧要動一動，找一些事情來做，但是心中不執著，因為無事。智慧動一動就是要常常發光、常常照耀一切眾生，慈悲要運動一下，所以「智慧動一動常發光、慈悲運一運常靈明」，智慧、悲心常動，因為沒有事情好做，所以就能做一些沒有事情的事情。

　　我們要運用智慧不斷地在心與身之中相應轉動來幫助眾生。在心方面，就是究竟圓滿的心要不斷地磨，在人間磨練，要時常滲透，在人間中滲透，把一切眾生滲透進光明，或者你變成一座很香很香的香塔，把香滲到眾生心中，就像染香人一

樣，把香染到每一個人身上。

在《華嚴經》中，善財童子參訪的善知識裡，有一位就是優鉢羅華鬻香長者。

這位長者善於了知分別一切眾香，也熟悉了知一切調香的方法，及一切香王出產地。除了人間的香，他對天上的香、龍族的香、夜叉的香，乃至乾闥婆、阿修羅、迦樓羅、緊那羅、摩 羅伽等一切人、非人的香都很了解。

此外，他也深知那一種香能治什麼病，那一種香能斷除一切諸惡，乃至各種能增加眾生煩惱或滅除煩惱的香，會使人對於有為法喜樂或厭離的香，可讓眾生捨離眾多憍逸之香，使人發心念佛的香、證解法門的香，聖者所受用的香、一切菩薩差別香、一切菩薩地位香，這種種香生起時的形相、燃起之後的現象，各種清淨安穩、方便境界、威德業用及其根本，優鉢羅華長者無不了知。

他介紹了幾種世間及出世間的香：如牛頭香，此香塗身入火坑，火不能燒，蓮華藏香，一丸如一麻子大，燒時香氣普薰閻浮提界，若有聞者，離一切眾，戒品清淨。雪山出產的阿盧那香，有眾生嗅此香者，其心決定離諸染欲。善法天上出的淨莊嚴香，燒此香一丸，所有的天子便生起念佛之心。夜摩天上淨藏香，只要焚燒此香，夜摩天的天眾就會聚集在天王的宮殿

共同聽法。

　　對於這種種調香的方法，優鉢羅華長者無不了知。他更提到一些大菩薩們更高深的法門，遠離一切惡習氣，不染世俗的欲望，永斷煩惱眾魔羂索，超出一切存有，以智慧香來莊嚴，這最最好最妙的香。

　　老人家把世間的事情忘記了，即使世世代代都忘了也沒關係，但出世間的智慧卻要清清楚楚，所以對有些事要清楚，有些不妨糊塗。

保持年輕之心的秘密

　　年紀大了，身體漸漸老化了，雖然如此，我們還是可以常保心的年輕。這秘密所在就是常常去見佛陀。因為佛陀是無生無滅的，他光明清淨，不會死於時空的因緣之中，所以常常見佛陀可以讓我們的心保持青春。

　　要如何才能見佛陀呢？是不是觀想佛陀的樣子？其實，觀想、觀相方法都只是眾多見佛的方式之一。

　　一般人都習慣用我們的耳根來聽，眼根來看，以後天的思惟、後天的污染現象來思惟佛陀，思惟佛身、佛像，這些習慣其實是限制了我們自身。

　　什麼是見佛？觀空就是見佛。

很多人都以為看到佛像就是見佛，就是感應。以前我有個學生，很慚愧、很懺悔地跑來問我：「老師啊！為什麼我修行至今，一點感應也沒有？」

我問他什麼感應，他說：「看到佛啊！佛會放光，會加持眾生，被加持的人還會感到麻麻的。」

我說：「那不用見佛也可以達到，用電的，如果依據你見佛的標準，要見佛的話，我們去看多媒體，去看電影《小活佛》，片子裡有好多佛。」

《金剛經》中記載：「若以色見我，以音聲求我，是人行邪道，不能見如來。」

他聽了之後，很高興地說：「我知道了！佛陀是不能被看到的！」

但《金剛經》又說：「莫作是念：如來不以具足相故得阿耨多羅三藐三菩提。」如果認為佛陀不具三十二相、八十種好之圓滿色身的話，又落於斷滅。

這是要大家破有與無雙邊的對待，不能執著於一端，不執著於一端，如此所見就是佛。

佛陀在哪裡？你是否見到佛陀呢？這答案是要問我們自己了。

其實佛陀是隨時隨地都在我們每個人心中，當我們有智慧

保持一顆年輕的心，當一位智慧的長老

的覺受時，不就是見佛嗎？

了悟空性，不是見佛嗎？

思惟佛的功德法身，不也是見佛嗎？

念佛可分成幾種方式，第一是實相見佛，破一切妄想，所謂見空即見佛。

當時佛陀從忉利天宮說法完將回到人間，大家因為很久沒有看見佛陀，一聽說佛陀要回來了，都非常歡喜，大家都想第一個先見到佛陀。

蓮華色比丘尼也聽聞佛陀今日要回來的消息，心想：佛陀回來，將會有很多人去迎接他，我如果這樣去，一定沒法第一個見到佛。為了想第一個見佛，蓮華色比丘尼就運用神通力，化現成轉輪聖王，輪寶、象寶、馬寶、珠寶、玉女寶、典兵寶、典藏寶等七寶俱足，陣容盛大，浩浩蕩蕩地前去迎接佛陀。

這時，須菩提尊者正在縫衣服，想到佛陀今天回來，自己應該前去問訊禮拜如來。當他放下衣服要起身時，忽然想著：「什麼是如來呢？是我所見到的眼、耳、鼻、舌、身、意嗎？還是地、水、火、風等四大所構成的佛身呢？

是啊！一切諸法皆悉空寂，無造無作，就像世尊所說的：

若欲禮佛香，及諸最勝者，陰持入諸種，皆悉觀無常。

曩昔過去佛，及以當來者，如今現在佛，此皆悉無常。

若欲禮佛者，過去及當來，說於現在中，當觀於空法。

若欲禮佛者，過去及當來，現在及諸佛，當計於無我。

如此思惟之後，須菩提尊者就繼續回去縫衣服。

蓮華色比丘尼化作轉輪聖王，以七寶為前導，聲勢浩大地來迎接佛陀，現場早已被擠得水洩不通，但是大家遠遠地看見轉輪聖王的陣容，都趕緊讓出一條路來。這化現的轉輪聖王來到佛陀的足前才變回原來的蓮華色比丘尼，以頭面禮佛足，並說：「我今頂禮最勝世尊，得以最先面見佛陀。」四周一陣騷動，大家都埋怨著應該自己先見到佛才對，卻讓這比丘尼搶了第一。

想不到佛陀卻回答她：

善業以先禮，最初無過者，空無解脫門，此是禮佛義。

若欲禮佛者，當來及過去，當觀空無法，此名禮佛義。

意思是說：善了知空性才是最殊勝的禮佛，如果要禮佛者，應當現觀空性，這才是禮佛的真義。換句話說，須菩提才是第一個見到佛陀的人。所以，觀空即見佛。

第二種是見功德法身佛，見佛的戒、定、慧，思惟佛的戒、定、慧、解脫、解脫知見，這也是見佛。

第三種是我們在禪坐中觀想，忽然實相報身莊嚴的佛現

前，這是見佛。

第四種是我們觀察的時候見佛陀的生身化身，忽然間看到佛陀在二千五百年前於印度行道的狀況。

第五種是看到佛像、持誦佛的名號也是見佛。以上這些都是見佛啊！所以我們要時時見佛、時時安住在念佛三昧當中。

常常見佛，心就不老，安住在不生不滅當中，時時生起正念，智慧就恆然生起，這就是保持年輕之心的秘密。

長春的運動方法

常保年輕的心，活動力也顯得比較旺盛，日日是好日，當然要好好保養身體，我們要決定拒絕得老年痴呆症。我們要想清楚，年紀大了，已經沒有多少時間好修行，如果再得老年痴呆症就更浪費時間了。過去曾對不起我們的人，現在饒了他，不要和自己過不去。

有了這樣的決心，我們再配合實際的運動來刺激末梢神經，避免其退化：

我們先大略地導引自己的身體放鬆，從頭部→臉部→頸子→胸部→腹部→背部→腰部→兩肩→臀部→兩手→手掌→十指→大腿→小腿→足掌→腳趾，依次放鬆，心裡完全放鬆。

身體的重心都集中到足底之後，再來，把十個足趾往上

提，盡量張開，再利用十趾抓著地面，一點一點地移動。注意，腳後跟不要提起，完全放鬆，僅用足趾的力量扣住地面前進。另外要注意的要點是膝蓋要保持微微彎曲，而上半身要坐在腿上。

每當學生練習這動作時，連一些還很年輕的學生，剛開始「學走路」時都舉步維艱，而且怪聲連連，原因是這種走路法對末梢神經而言是很直接的刺激和鍛鍊。一般人，尤其是上班族，根本不像以前的人有那麼多赤腳走路的機會，最慘的要算是每天都要穿高跟鞋上班的小姐了，長久下來，足部末梢神經所受到的壓迫可想而知。

大部分的人剛開始練習，都會感到足趾很酸，甚至會痛，也有足趾張不開的，或走不動的，不要因此就灰心不練習了。因為只你有練習都是有助益的。

有的學生練習時腳底、手掌會流汗了，這種汗特別黏稠，味道可能也比較臭，因為這都是陳年積在體中不好的物質，經由放鬆和足趾走路法的配合練習，能將這些不好的物質排出來。所以練習完要多喝水，利於體內不好食物質的排出。

至於每次練習要走幾步？視個人的體力與時間而定。通常每次可以練習走四十九步，也可以練習走一○八步，走完之後如果流汗，記得用乾毛巾擦乾，多喝一點水，不要冰水，休息

一下再做其他的事。

　　這個運動除了刺激末梢神經的功用之外，對於腳比較沒有力氣，或長年站著工作的人都有很大的助益。此外，在練習之前的放鬆是越詳盡越好，關於完整的放鬆法可參閱拙著《放鬆禪法》。

　　另一個運動是關於手指的。其心要和足趾走路法完全相同——身心放鬆。這是配合許多老年人以數珠唸珠的習慣，在唸佛時一邊以大拇指轉動念珠，清楚地唸完一句佛號再移到下一顆，用這個方式來刺激手指。這種方法是著重於拇指，如果想要達到十隻手指都運動，可以用拇指之外的四隻手指當為念珠，以拇指指端和食指指端相黏，然後旋轉就像持念珠唸佛一般，其餘四指指端依序旋轉摩擦，在一指端唸完一句佛號再移到下一指端。平常沒事就可以練習手指頭的運動。

　　在健康步道上行走也有助於預防老年痴呆症，現在的公園，甚至許多人的住家也都自己鋪有健康步道，但是選用的石頭往往不是太平就是太尖，走起來不是很舒服。如果想在自己家裡放一個簡便的健康步道，可以撿一些圓形、橢圓的石頭，不要有尖銳的邊，不須太大，鋪在院子裡。不要像一般的步道一樣把石頭固定，只要放在地上就好，這樣我們踩在上面時，石頭會自然隨著足部而滾動，更能達到按摩的效果，走起來也

比較舒服，如果旁邊有可以扶靠的把手、桌椅則能避免滑倒，更安全。

不要老是追憶過去

當我們年老的時候，不要老是沉溺在追憶過去，這是不再新生的象徵。如果發現自己常掛在嘴邊的就是：「想當年我如何如何」，這表示自己不再新生了，只能依靠大腦的皮質褶紋記憶來證明他的生命是存在的。

過去如何和現在有什麼關係呢？把自己過去風光的歷史一講再講，表示自己已經沒有什麼新的成長了。

也有些人，一天到晚就抱怨誰虧待他，誰對不起他，自己對人又是多麼的好。事實如何誰知道呢？很多時候是因為我們沒有新材料了，只好把過去的舊材料搬出來，重新組合，重新合理化，讓自己和他人認同我們每一個行為都是對的。這些都只是在大聲告訴別人：「我老糊塗了！」

活在追憶中的人，真的是老了，他不但接近死亡，可以說就活在死亡當中，這是很悽慘的。我們不要當一個可憐的老人；但是如果我們活在當下，可以使自己的腦細胞再生，使我們身心再生。

所以長者要有少年的心、童真的心、赤子的心。修行好的

老人家就是這樣子，他甚至會跟你玩捉迷藏，會逗你開心，這是漂亮的老人，老得真漂亮。他不會老愛吹噓自己年輕時候的豐功偉業，也不會埋怨東埋怨西，他知道因為昨日之日不可留，才能顯示出日日是好日的真實境界。

愛迪生六十七歲時研究三合金及蓄電池組，這個研究已經持續廿年了，幾乎花光了他所有的錢，但仍然沒有令人滿意的結果，只靠電影和唱片等產品的利潤來維持這個實驗。不幸地，那年冬天他的工廠發生大火，所有包裝好的產品、做唱片用的零件等完全付之一炬，雖然消防隊都趕來滅火，卻因為熱度太高、水壓太低，只能任由大火燃燒。

當然家人著急得不得了，又找不到愛迪生，不知他是否被困在火場裡？此外，也怕他已經六十七歲了，承受不了這種打擊，對一個老人而言，是沒有多少時間可以從頭再開始了。

就在大家心緒紛亂時，愛迪生才匆匆趕來，朝他的兒子大喊：「你媽呢？快去找她來，叫她把朋友們也找來。她們將來大概沒有機會看到這樣的大火了！」

原來愁雲慘霧的現場響起陣陣的笑聲。

大火一直燒到次日清晨，火勢仍未完全撲滅，愛迪生就召集所有的員工宣布：「我們開始重建！」於是他派給每個人任務之後，才忽然想到錢的問題：「等等，你們有誰知道那裡可

不要老是追憶過去，要活在當下，使身心再生

以弄到一點錢？」

「一個人常能從災難中創造資本。」他勉勵大家，「我們剛剛已經清掉一大堆廢物了，現在要在這廢墟上建一個更好更大的工廠！」說完，他把衣袖一捲，轉眼卻蜷伏在桌上呼呼入睡了。

這樣的愛迪生是很可愛的，年紀大了，智慧成熟了，可以好好教育孩子，讓他們看看老人家的智慧多棒！將智慧的法水用悲心傾倒，衝決羅網，帶領孩子衝向光明的道路。

病痛的啟示

　　生、老、病、死是每個人都要面臨的狀況，如果現在我們老了、病了，怎麼辦呢？要善觀我們的病，疾病一定是業力現前，沒有一個病不是自己業力的現前，所以，碰到疾病時，還是要建立「因果三階」的正確觀念——堅信因果，接受事實，永不認命。

　　在還沒死之前的疾病都是有可能痊癒的，但是，如果死了怎麼辦？死了就死了，下輩子一定會好——一生下來一點病痛都沒有，這不是阿Q精神，而是對生命有很通透的了解，深信一切疼痛、疾病都是業力現前，坦然接受。

疾病是莊嚴的寶冠

　　什麼樣的病是由悲心、智慧與修持的莊嚴所形成的呢？維摩詰菩薩的病就是這樣。如果我們現在碰到這個病，怎麼辦？有病有痛是不是一定會有苦呢？生病時，這病相是身體還是心？我們的心如果隨著病痛苦的話，這就是業障、業力現前；

如果把病痛看得很清楚，心不隨轉，這就是智慧。如果心中生起慈心、生起歡樂，病痛就成了我們的修持莊嚴。

另一個角度來看，我們想想：示現這個病痛，讓子女有機會為你服務，這是悲心的示現；或因為這個病而引來許多相識與不相識的人來幫忙祈福修持、照顧、安慰你，這是讓大家種植福田。生病如果生得好，就很莊嚴；病如果生得不好，會累得大家都很慘。

趁著生病的機會，大家來看你，問你：「會不會痛啊？」

「痛啊！」

「會不會苦啊？」

「不苦啊！」

像這樣的人就病得很快樂。身體雖然有病，但是心很喜樂。

當我們生病時，我們是要藉病練心的。生病的時候，身體會有地、水、火、風的現象現起，我們可以藉著這疾病來練習死亡，把死磨練一次：地大如何融入水大，水大如何融入火大，火大如何融入風大，意識如何轉移。每次生病時都這樣調練，生幾次病之後，就把死亡的功夫練起來了，以後不住中陰，即得成就。

要如何生病，這可是一個大學問，一方面可以趁機跟探病

的人說說法，因為生病的人最大。但是我們不要老是把病痛賴給別人，那會造成很多的怨親，這就不對了。病人要常常保持幽默，雖然有點困難，但我們要試試看。

藉由《金剛經》來超越

人有生老病死，世間有生住異滅，宇宙有成住壞空，這些道理都一樣的。像杯子壞了，桌子壞了，換個角度來看，它們是不是生病了？如果有一天，地震了，這房子也死了，人壞了，這名詞改一改不是很好玩嗎？

我們一般在使用文字的時候，這些用詞已經慣上我們的價值了，這個價值就是我執。所以龍樹菩薩在《大智度論》中說：「語言有三種，第一是邪，第二是慢，第三是名字。」一切凡夫的語言是邪，見道學人的語言是慢，阿羅漢的語言是名字。邪是什麼？我死了，除了身心現象死掉以後，心裡面又產生一個死的感覺，死的感覺就產生輪迴，這叫「邪」。

所以有時可以開開玩笑，跟別人說：「你壞了，沒有死，杯子死了，你沒有壞。」因為死牽涉到我們的價值。見道學人他知道，「我」是如幻的、無我的，如果講「無我死了」也很奇怪，他雖了知無我如幻，但因心中還有殘留的習氣，所以叫「慢」。建議大家可以玩些文字遊戲，把「死」換成「壞」

字，把「壞」換成「死」字，把「我」拿掉，再看看這篇文章會很有趣，腦筋就不會那麼死了，幽默多了，所以說智慧的長老有永不退失的光明心情。

像阿羅漢已成證解脫的境界，了悟無我，所以他說：「我死了」，只是現象隨滅，實際上他是不受後有的，不會在生死大海中流轉，所以他說：「我死了」時並不執著，這樣的語言叫「名字」，是假如之意。

佛法常說無我、無我，但經典的開頭卻說：「如是我聞」，很多人對此產生疑問。當時有人就問佛陀：「這些阿羅漢比丘是最後身（即最後一期生命，不再輪迴了），為什麼能講『我』呢？」佛陀回答：「可以的，因為阿羅漢比丘是最後身，他了知名字都是空的，所以他說『如是我聞』成就，他說「我」的時候是無我的。一個了悟無我的人，他知道自己的名字只是這個因緣的名字而已。」

一個了悟無我的人，他知道自己的名字只是這個因緣的名字而已，他心中沒有另外一個我是某某某的想法。

如人家叫：「洪啟嵩」的時候，我心中認為：除了這個身心合一的洪啟嵩之外，又別有一個洪啟嵩，那麼有兩個洪啟嵩了。如果有人站在我面前，一邊打桌子，一邊叫著：「我打死洪啟嵩！我打死洪啟嵩！」如果我是個了悟空性的人，就會感

生病時要藉病練心

覺沒有關係，但如果是一般知見的人，心裡就不舒服了，甚至
兇狠地質問他：「你打我幹什麼？」禪師遇到這種人，大概會
回答：「因為有兩個你，我打到另一個你了。」

於是有人就想，既然要無我，所以別人叫：「洪啟嵩」
時，我就趕忙回答：「我不是洪啟嵩！」如果我不是洪啟嵩是
誰呢？所以，洪啟嵩者，即非洪啟嵩，是名洪啟嵩。大家可以
試著把自己的名字代換進去，唸唸看，很有意思的。洪啟嵩，
既不能認為：「我是洪啟嵩」，也不能認為：「我不是洪啟
嵩」，如果我認為：「我是洪啟嵩」，就有兩個洪啟嵩。如果
我認為：「我不是洪啟嵩」，這就與實法不相應，即是斷滅。
前者落入常，後者落入斷滅。這就是中道，就是《金剛經》交
響曲，很好聽。

在《楞嚴經》中，佛陀與文殊菩薩有一段對話：

「文殊，吾今問汝：如汝文殊，更有文殊，是文殊者，為
無文殊？」

「世尊！我真文殊，無是文殊。何以故？若有是者，則二
文殊，然我今日，非無文殊，於中實無是非二相。」

佛陀問文殊菩薩：「請問你是文殊菩薩嗎？」

文殊菩薩回答：「我若說：『我是文殊』，那就有兩個文
殊：一個是文殊另一個是我說我是文殊菩薩。如果我回答：

『我不是文殊』，那又與實法相違。」所以，文殊者，即非文殊，是名文殊也。

佛法就是如此，了解這些語言文字，對我們很有幫助，我們的語言文字在思惟上要自然法爾的方便，要隨時隨地用正見思惟的方法，不是去思惟內容，而是要反觀自己思惟的核心，這在禪宗叫「照顧話頭」，在六妙門來講，就是「還門」，還照自己的心念，寂照、照寂，寂中有照，照中有寂，隨照心念、照外相，也照自心，這很重要。這是雙觀照，不要只照別人，不照自己。所以大家要看得清楚明白。

生老病死通透一如

觀世音菩薩是最能施無畏的人，施一切眾生無畏，因為生死無畏了，就能布施一切無畏，也布施自己無畏，所以布施自己無畏是廣大福德，我們要給自己無畏，布施他人無畏。

施無畏必須先施給自己無畏，施給自己無畏可積聚廣大福德，因為安住自己這個眾生，同時也安住一切眾生。

把生老病死看透了，就看到了無常的莊嚴寶冠。我們有生、住、異、滅，我們的生老病死外相就是生、住、異、滅，整個法界就是成、住、壞、空。

這個桌子死了，那個椅子活了，我的人生壞了，我的人壞

了，把這名詞換一換，你會發現完全不一樣。為什麼？因為我們對語言有執著，我們破除了這個習慣就會看到生死的實相，不會被語言幻相所迷惑，我們如用世間心看這些語言，將會永遠執著。了解這點，看到最後，也不會用生滅心看佛典，不會用生滅心看佛法，而是用清淨心，這時忽然之間就看懂佛經了，把佛經看透了，看到紙背後面了。所以說：「依文解字，三世佛冤，離經一字，允為魔說。」依文解字，用世間心看文字，就是用邪見看佛經，三世佛冤。但是，如不從文字來看，而是用心、意識來看，也是魔說。

我們要看透文字的背後，看到它的緣起性。當我們看透一切世相的緣起心，從生到老到病到死，就是無常的莊嚴寶冠，就是佛法，能夠超脫一切生滅。

所以這時我們會看到：死亡不過是生的一個表徵、現象而已，生必然帶著滅，死亡是生的一種現象，死亡不是遠離生的，所以生中已帶滅，滅中已帶生，這時我們會看到整個世界，整個宇宙及每一個人，會看到法性海、整個眾生海，這一切就像大海，每一個人、每一個眾生都像一波一波的海浪，這個海浪起來了，出生了那個海浪滅了，這個海浪生了活過來了，出生出，那個海浪死了，這個海浪跟那個海浪撞激夭折，這個海浪夭折了，並不代表它死了，它是轉入第二個力量，也

就是轉入另一個全新的海浪，所以生是死之死，死者生之死，所以生死是一對。生者是生之生，死者是死之生，把死拿掉——生之滅、滅之生，所以生滅互相轉動對待，這就是輪迴大海，每一個眾生執著來執著去，其實是幻化遊戲。

我們像是在宇宙的大銀幕中，大家在裡面演戲，其實沒有生也沒有滅，但因為我們在同樣的粒子裡面賦予它很多的軟體，結果它在裡面演出很多的影像，其實這些影像都是空的，這些現象不是你們可以用思惟來理解的，而是要突破理解，用現觀才能清清楚楚地看到這宇宙現象的產生，會把時間、空間看破。

這不是由理解的，而是以現觀來看到時間停止的現象，整個世間停止了，每一個動作、銀幕被一片一片的切開，看得很清楚，會同時看到十方的世界，看到這個世界同時也看到他方世界，看到極樂世界同時也看到這個世界，會看到不同的世界，但是不會混在一起。這是《華嚴經》中海印三昧的境界。

生滅真的是一場遊戲。我們現在是海浪，因為我們執著我們是海浪，執著有我，所以我有生有死。有一天，大家不執著了，回到海水裡一看——哎呀！哪有生有死，根本是騙人的，所以回到海水的立場沒有生沒有死，只有涅槃，但是有悲心生起的人，又會回到海水的立場，雖然我無生無死，但是我又回

到海水的立場來示現生滅的現象，這是大悲的精神，來救度眾生，告訴大家這個道理，所以就法界根本而言，沒有生滅對待。

就整體佛界而言，沒有成佛與不成佛的問題，成佛與不成佛是我們眾生界的問題，與整個本來法界無關。大家讀經時，要看經典是站在什麼立場來講，像《文殊般若經》裡講：「這些無量無邊的諸佛，經過無量劫來救度眾生，使一切眾生能夠圓滿成就成佛，結果眾生界不增不減，諸佛界不增不減。」這是由於法界立場來看，從法界立場來看，世界本無生滅，所以沒有成佛與不成佛的問題。如果要成佛是因為眾生有輪迴才要成佛，有染著才要成佛，要破除無始深層的煩惱無明才有辦法成佛，如果從來沒有無始無明或非無始無明，怎麼會有成佛與不成佛的問題呢？所以法界就是這個樣子。但是就我們而言，還是有成佛或不成佛的問題，因為我們現在是在六道輪迴。

那麼，成佛之後有沒有成佛與不成佛的問題？可以說有，也可以說沒有。因為離於眾生界對待，在法界中安住的時候，根本沒有成佛與不成佛的問題。但是如果還入這個世界當中去救助眾生時，就有成佛與不成佛的問題，因為眾生現在尚未成佛，眾生有煩惱，我們要救助他。但如果認為眾生的煩惱固定不變，那麼佛法要如何成就呢？所以要無有少法可得，才是得

阿耨多羅三藐三菩提，如是救度一切眾生，而實無眾生得滅度者。這就是「無緣大悲，同體大悲。」。

生一場漂亮的病

就一個比較古老傳統的佛法立場而言，比較重視的是生前的教育，認為死後的教育是比較次要的。雖然原始佛教重視的是當世的成就，但是，這在現代是很罕見的，因為，像佛陀這樣的大善知識已經圓寂了，我們沒有辦法當生成就，不受後有，不再輪迴，或許可以在死有或中陰的時候成就。有些人連死有與中陰都無法成就，可能還要去投胎。當然，另外有些人是因為慈悲心很重，他或許不願意去極樂世界，也不願涅槃就走了，他要迴入娑婆度有情。面對這幾種情形，我們如何來重生呢？

死亡訓練的疾病現場

生命到了最後，一般來講都會出現病癥，所以，我們要如何生一場漂亮的病，是生命最末了的課題了。

所有的病都是由地、水、火、風所現起，由構成身體的四大所現起。病生得好不好，這不是指病復原的狀況如何，而是

當我們碰到病這個現象的時候，面對的態度如何，怎麼來接受？怎麼來實踐？前面我們談到生病的時候，當構成身體的地水火風示現種種的病癥時，我們應該怎麼如理的觀察，如理的思惟。

一場病，事實上就是一場死亡的訓練。因為任何一場病，一定會經歷地、水、火、風四大在我們身上所造成的一些現象。如：我們在生病的時候，身體十分臃腫，這是地大的病；口很乾，水份沒有辦法流動，口乾舌燥，這是水大的病；我們身體有時候熱，有時候冷，這是火大的病；我們呼吸不順等，就是屬於風大的病。

在病中我們要仔細的觀察，仔細觀察病是因何而來？我們徹見了地、水、火、風四大的因由，對將來在臨終的時候，有很大的幫助。藉著生病的時候，仔細的觀察四大的變化，每一次生病，我們不要老是想：「唉！我怎麼那麼倒楣，又生病了。」

病，就是因果的結果，更是業力因緣的結果。所以，任何病現起的時候，沒有逃避的理由，但是，有病的話要治好它，這是應該的，不相衝突的。我們不必因為這個病來了，因為想要逃避它，或是很強烈想延續生命，而用很多激烈的方法來把這病去掉，這可能又會引發另外的業果。

許多的醫生在治病的時候或病人感冒的時候，他就下很重的藥，看來好像一下子就治好了，但是病人感冒之後，卻竟然引發了下一場更加沒有辦法很快速治療的因緣。也有故意用很強的類固醇使病人看起來病很快好了，但是，卻破壞病人的體型，這是不對的。也有些修行人說：「修行人要常帶三分病。」所以他生病時就不去看醫生，故意拖延不治療，這都是不對的態度。

生病了，就要如理如實的面對，有病就要醫治，要正確面對它，正確醫治它，正確的超越它，正確的觀照它。即使是佛陀生病的時候，還是會請耆婆醫生來醫治。如果小病故意拖拖拉拉的，以為這是一種修行人的風範，結果因此而死亡，這種行逕是殺未來佛。正確如理的面對我們的病，要了解病因、病源，使病痊癒，並在痊癒的過程裡面，同時也讓我們了悟自己為什麼會患這個病，在生活上有沒有不如法、不如理的地方？是不是因為飲食不正常，常常生氣等才造成這個病？這都是可以觀察的。

面對疾病的心態

我們一生氣，身體就會馬上產生變化，一生氣身體的體質就酸性化，那種酸性的感覺很明顯、變毒了，馬上顯現的是口

乾舌燥，心提起來了，膽吊起來了，肩膀聳起來了，身體產生很不好的變化。內分泌就變毒了，開始傷害到我們身體。像生起貪心，我們的眼睛就不自覺地向前突，頭也向前拉了，嘴巴不自覺就張開了，很明顯的例子就像些男人，貪欲很重，一看見女人就起貪心，看到女人唾液都像要流出來了。為什麼會有這種情形產生呢？因為這時他整個體內的分泌都變得很濃密，那種很讓人討厭的感覺就會出現，事實上，他身體已經產生變化了。所以，貪、瞋、痴、慢、疑這種毒素在我們地、水、火、風身體裡面都會引發病症的。

心啟動，這是一個病因，外界引動，也是病因，我們吃了不好的東西，飲食習慣不好，可能也是病因，以及我們的業障等等都是病因。這些病因加上一些因緣，就會顯出某種病來。絕對沒有任何一種病是無因無緣而生的。有些病，現在還無法找出明確的病因，這就可能是我們過去世所做的後遺症，要多懺悔。

生病的時候，我們要想：「好，現在病了，我雖然在生病，身體很不舒服，但是，我感到歡喜。」為什麼？現在是受到業報，業報生起來了，表示我們已經開始還債了。

世間人是錯謬的，當碰到人生不順利的事情，他很難過，很生氣，他又造下一次不順利的因緣。但是，在很順利的時

候，什麼事情都是隨心所欲、都能得到的時候，他又很歡欣，很驕慢，卻又造成輪轉的因緣。

正確的態度應該是：如果業障現起的時候，我們應該高興，因為這是在還債。如果現在很順利的時候，什麼事情都是隨心所欲的時候，這時候反而應該產生警覺，因為我們正在耗用自己的福報。但是，世間人正好相反，這是一種顛倒，在果報上顛倒。不只在因上顛倒，在果報上也是顛倒。所以，這輪迴相續不斷，就是我們錯誤的心所造成的。

年紀大了，四大的能力在消失，以前不會生起的病現在也會生起，以前能夠蓋住的病現在也現起了。我們的業已經在消了，在這些業消失之後，清淨法身會生起。了知整個的病相、病因、病源之後，我們很歡喜、安然的接受，甚至在疾病中生起喜悅。

所以，現在因緣剛好到了，生病是最好的因緣，這因緣能鍛鍊我們的身心，正是我們面對、檢查自己修行境界的一個考試。藉著生病，現在看到地、水、火、風所組成的身體變化會疼痛，這疼痛是自然的，佛陀也是會疼痛的。如果痛得太過分，可以用幾種方法來降服它，用過去所學的禪定，可以稍微控制一下，使它不要痛得那麼厲害。然後觀察它原來是虛妄的，觀察我們的心跟身原來是脫離的，這是痛得很厲害的時

候,可以用這種觀察。

但如果痛得不是很厲害的時候,我建議大家不要故意用定力去降服,可以好好地看著痛,看著身體一面痛的時候,心會不會受到什麼影響?結果,我們會發覺到:痛是痛,心雖然會受到影響,但由於我們修行比較自在的緣故,心越來越能脫離,不會被痛所控制。甚至心能產生喜悅,即使在疼痛中也能安樂,這時候應該要生起大歡喜,原來可以這樣啊!如果在生病時,能做到痛是痛,但心生安樂、心生歡喜,當死亡的時候,四大脫離那麼痛苦,也能夠完全自在、完全安樂。所以,藉著病的鍛鍊,死亡能夠得到決定,這些障礙都沒有了。這樣的病對我們產生了極大的意義。

自在喜樂的生病

對自己的病能夠完全掌握自在的時候,再來想想看,要進一步把病變得很莊嚴,要把這些病變成無常、三寶的寶冠,所以,我們現在把這一切病,都供養給三寶,供養給眾生。這不是要大家生病,而是透過這個病相來示現無常的莊嚴,來供養三寶給眾生,讓病變成佛、法、僧三寶教化眾生的一種形式。

我們不斷以病練心、來磨勵自己將來的死境,同時,要把這病轉化成一種慈悲的病,一種智慧的病,一種三昧禪定的

病。在病中能夠自在轉換，在不斷的調練過程裡面，即使在很疼痛的時候，也能夠示現安樂，以這樣的示現來教育探病的人，讓他們心生慈悲，讓他們知道原來病可以生得很自在、很喜樂——這就是維摩詰菩薩的病。

疾病在人間是一個很強烈的因緣，透過這個疾病可以作很多教化。如果不是生病，遠方的孩子也不會特地回來看你，孫子也不會來看你，親人也沒有來看你，老朋友也不能聚會，你也不知道他們現在修行修的怎樣？孫子們讀書讀得怎樣？對佛法有沒有信心？能不能產生智慧？兒子現在長大了，到社會裡面去闖蕩，是不是已經把佛法丟掉了？現在趁著生病的機會讓他們回來聚聚。

但是，這也牽涉到我們平常是否做人做得好，否則生病的時候就沒有人來看你。維摩詰菩薩生病了，會有那麼多人來看他，還是要靠他平常多結善緣，我們平常也要對別人多照顧一下，病的時候，大家才會來探望。

兒子來了，看看他到底在社會上做事情，慈悲心有沒有消失掉？菩提心有沒有消失掉？修行有沒有消失掉？女兒是不是也是如此呢？嫁到夫家去，有沒有把夫家當做道場？還是去夫家興風作浪，掌控一切？孫子是不是讀書之後只懂ABC？阿彌陀佛一句話也不了解？老朋友來了，看看他會不會老了以後就

生一場自在喜樂的病，讓來探病的人也充滿喜樂

老糊塗了？把修行的事情丟在一邊，也不知死之將至？

如果能這樣做，那麼這病就很有意思，把這些因緣全部召喚過來，在病中檢查他們的修行。除了用病練心、來磨勵自己的心之外，甚至擴大到探病的人，使這病也能做菩提，使來探病的人都能法喜充滿，充滿了喜悅。也示現讓他們知道，原來生命有這種莊嚴，原來可以一面痛一面快樂的。甚至可以安慰他們：「其實我沒有病，是你們病了很深。」

有一天，廣欽老和尚的弟子請了一位中醫師來為廣老看病，結果，醫師看了半天，好像沒有病。廣老就說：「對啊！我沒有病，是他們大家有病。」這樣子的老人所示現的病，可以說是維摩詰菩薩的病。病就是一種說法因緣，這種是慈悲的病，有智慧的病，在三昧中的病。

不管得了什麼病，病得好或病得不好，病來病去總是要面臨死亡。死本來是生的表相，生死本來是一對的東西，有生沒有死，這是很奇怪的。死亡應該算是一種道德吧！再活下去，活得太老了實在是很麻煩。為了種族的延續，我們勉強去死一死。但是，死的話也要裝模作樣一下，死時不裝模作樣一下的話，未免有些可惜，這一生最後點綴的太不瀟灑了，所以無妨瀟灑的走一回，走向這一趟生死。

第五章

・我們可以如此面對餘生・

如果我先走了

無悔的一生

當你面臨死亡時,你是否能很安慰平靜地離去呢?

你可以想想看:如果現在死了,會不會後悔呢?有沒有遺憾呢?現在死好像會很後悔,因為還有很多事情沒做。轉念一想:不後悔的,反正應該死,後悔它做什麼?再想想看;下輩子再來吧!所以也不用後悔。

這些思惟大概不到一秒鐘,在腦中閃過如果現在突然飛機爆炸了,我們可能要透過這不到一秒鐘的時間,比一彈指還要短的時間裡,就要決定不後悔了;如果沒有辦法馬上決定不後悔,是因為還沒準備好現在就死。

死,對我個人而言是緣起的事,為什麼我不要現在死?因為下輩子要用到今生所學知識的時間還很長,這輩子才慢慢使自己的思想成熟一點,如果沒有把它交待完,感覺好像有不圓滿之處。目前我是這麼想,但如果真的必須死,真要死就死

吧，死只是一個緣起。如果現在死的話，我應該可以趣向無悔，突然被車撞了，只有幾個彈指的時間可以想：「我是不是會後悔？」這些時間大概夠了，可以無悔。如果，被人拿刀砍了，那更是決定可以無悔，因為我的最後幾個念頭太有力量了。

問題是：你具足了這個力量了嗎？如果今天忽然被刀砍了，被射了幾槍，在刀子還沒砍下之前、子彈還沒打到之前，能不後悔嗎？或在幾秒鐘之內就不後悔嗎？如果你有這種力量，大概可以如同《阿彌陀經》所言：臨終十念往生極樂世界。假若最後幾個念頭有把握掌握的話，應該沒有問題，如果不能，還要繼續努力。

佛陀的大弟子舍利弗圓寂的時候，很多弟子非常傷心，心中想著難道偉大的尊者舍利弗就這樣就走了。阿難看到這種情形，就代表大眾去問佛陀：「這麼偉大的成就者，這麼有智慧的舍利弗就這麼走了，什麼都沒留下。」

佛陀就對阿難說：「阿難啊！舍利弗雖然已經過去了，但是舍利弗尊者的戒消失了嗎？」

阿難說：「沒有。」

「舍利弗的定消失了嗎？」

阿難回答：「也沒有。」

「舍利弗的智慧消失了嗎？」

阿難說：「沒有。」

「舍利弗尊者的解脫消失了嗎？」

阿難說：「也沒有。」

「那麼舍利弗的解脫知見消失了嗎？」

阿難說：「沒有，世尊。」

「既然舍利弗的戒、定、慧、解脫、解脫知見都沒有消失，你怎麼能說他什麼都沒留下呢？」

舍利弗尊者留給我們的是五分法身——戒、定、慧、解脫、解脫知見這五分法身。《六祖壇經》中的五分法身香，指的就是這個。像舍利弗這樣一個大修行人，他是無悔的，因為不忍見佛陀先他而去，所以他請求佛陀：「佛陀啊！我知道您將會比我先圓寂，但是我實在不忍。就佛法而言，佛陀的大弟子一向都是先佛而走的，請您允許我先入滅吧！」

舍利弗尊者走了，但並不是什麼都沒留下，而是留下了五分法身。雖然舍利弗尊者已經圓寂，卻留下了如幻的智慧、慈悲，他是如此的無怨無悔的，你是否也準備好自己無悔的一生。

你應該在平常就有這樣的體悟與理解，你現在知道了這樣事就先想一想，不要等到死期將盡而手忙腳亂。過去已經走過

的路及現在正在走的路，你都要清清楚楚，未來要走的路，更要清清楚楚，這就是「正念相續，相續不斷」。

慢慢的，你可以看清楚自己的每一個呼吸，能夠善於觀察自己的呼吸而純熟到某個境界，你會知道自己壽命何時將盡，而且你會知道呼吸在那一剎那要離開，甚至到控制自己死期的境界。

在南傳佛教的國度中，有一位偉大的尊者。一天，他問大家：「有那幾種死的方法是其他人沒有死過的？打坐走的很多，躺下的也不少，有沒有人在走路的時候走著走著就死的？」

旁人回答沒有，他就在地上畫了一條線，並說：「我走到那條線的時候，就要死了。」他一步一步地走過去，走著走著，到了那條線，呼吸就停止了。不要認為這是不可能的事情，或是多麼困難，這並不是多麼困難的事，只是一般人做不到。

如果能夠將自己的死期通知別人也是很過癮的事情。在死前寫一封信敬告諸位親友、同修：

本人謹訂於明日清晨辭世，歡迎大家來為我送終。注意：我死了之後，你們不用為我念佛、誦經，如果大家要唸起自己聽，這是你們的福德，不要想是唸給我聽的，因為我這一生所

讀的經典比大家多，要去的時候自己會憶念三寶。

說到念佛，我這一生都在念佛，你們不用唸給我聽，如果要唸給自己聽的話，歡迎。你們也不用迴向給我、希望我往生哪裡，因為我要去哪裡自己已經決定好了。

如果臨走的時候有這種把握，在這期生命的尾端也畫下了完美的句點。

如果你先離去了

如果年老了，丈夫先走了，有佛教信仰的太太的要祈求先生：「到了極樂世界之後，要時常回來引導我」，不是為了貪染愛欲的緣故，而是為了清淨良善美好的心。

夫妻在一起是很殊勝的因緣，如果好的因緣再加上一顆最究竟良善美好的心，為什麼離去的一方不能回來引導另一半呢？

所以，夫妻之間不一定要保持距離，但也可以保持距離，這要看自己的決定，要不要吵架也是看自己的決定，但或許用究竟良善美好的心來相處會更好。我們要知道：究竟良善美好的心是無常的，夫妻的關係也是無常的，我們的丈夫、太太、父母終究有一天都會死。

當親人死的時候，我們不要傷心，如果親人生病時，我們

沒有好好照顧，沒有盡到我們的責任，這才是要傷心的，這是因，死是結果，為什麼要為必然的結果傷心呢？我們要如實接受這個事實。

親人走的時候，我們要鼓勵他在究竟良善美好的道路上增長，不要讓他記掛著自己而走不了，這會讓他無法安心地走，要讓他在究竟良善美好的心上用功夫。

你可以為我助念

當我們要面對另一半的先遠離，就一個死亡的人的立場而言，我們要了知自己是能增長另一半或是護法與助念人員的福德，因為我們的死亡可以增長他們的福德，所以在生前要多薰聞修習，成為生死自在的人，和其他眾生廣結善緣，結下菩提緣。不要本末倒置，以為死了就沒事，完全依賴後人的助念力量，雖然另一半的助念是增長其菩提資糧為多。生前要安立在空、無相、無我的三法印，而且要發起究竟良善美好的心，安住於性空如幻，這才是根本，其他一切都是枝末細節。

佛法中一般人往生時有「三隨」：隨重、隨習、隨憶念。

隨重是最重要的，若是修行到阿羅漢乃至佛果，或是生死自在，能決定往生何處者，以及惡業很重，死後立即下地獄者，所以助念者對這些人的影響是微乎其微。

隨習是指死後會隨著習氣而走。所以大家要有良好的生命習慣，生活習慣中影響最深的是執著自我的習慣，所以對「我」的用法要很小心。我們從思維習慣開始檢討，千萬不要老想：「我是什麼？」要反過來想：「什麼是我？」養成這種良好的生命習慣，有時比我們修習許多法門還有用，因為我們已經開始不執著了，遠離「我」的思惟，這是最好的思惟習氣。

　　此外，我們不要養成貪染的習慣，現在許多人很喜歡養狗，把狗打扮得跟人一樣，跟人一樣的享受，晚上抱著牠睡，甚至一天到晚心中想的都是他的狗，連遺產也要留一部分給牠。如果就隨憶念而言，這種人死後很可能會往生畜生道去，因為的思維都是狗，所以死後也是隨著這種想法而去。

　　我們要知道自己死後往生那裡，先看看自己有沒有做什麼重業，再看看自己現在的習氣，是天人的習氣？餓鬼的習氣？還是解脫的習氣？這些從我們的生命習慣中都可以看出來。

　　最後是隨憶念，助念的功效產生的最大作用就在此了。隨重、隨習是主體，是戰略，隨憶念是戰術。大戰略是主體，要有空性的見解，空、無相、無我的正確見地，決定往生淨土或迴入娑婆世界，發大願、大悲心，這是大戰略。如何使自己走得好一點，這是戰術。

如果另一半先走了，你可以為其助念，增長助念的福德

除了助念的方位要注意之外，助念人員可以將自己想像成觀世音菩薩，全身放鬆，手放鬆，將光明注入亡者心識。用手將其往上拉，注意不要碰到亡者的身體。也許他正在要去不去之間，我們如此觀想，不無小補。

助念的方位與技巧

　　助念時要注意到方位與技巧。我們助念時應該站在那裡呢？

　　亡者家屬等助念大眾站的位置，應儘量往亡者上方站，以期將亡者神識引至心輪以上，往生善道。

　　除了助念的方位要注意之外，助念人員可以將自己想像成觀世音菩薩或其他佛菩薩，全身放鬆，手放鬆，將光明注入亡者心識，用手將其往上拉，注意手不要碰觸到亡者的身體。也許他正在要去不去之間，我們如此觀想，多少可以幫助他。

看待死亡的態度

從了悟死亡到超越死亡

我有時開玩笑地說：「不怕死的人是白痴，怕死的人不是好漢。」這邊指的不怕死，不是指了悟生死之後不怕死，而是指現在的年輕人，拿西瓜刀砍來砍去的不怕死。這是很可怕的，他們不怕死是不怕別人的生死，不管別人的死活。如果一個人沒有目的，也不是為了救度眾生，卻對生死一點感覺也沒有的人，這種人，我們要遠離一些，因為他殺人不眨眼，他對自己的生死都不在乎，怎會在乎別人的生命？這種無知的不怕死，是比一般眾生畏懼生死更深的無明，這是很可怕的，這是點不透的、無法用生死來引導他修行，這就沒救了。這種無知的不怕死是很糟糕的。

一般怕死的人，還可以從正見生死來了悟生死，從了悟死亡進而超越死亡，從超越死亡直至涅槃，從超越死亡裡再生起大悲心，迴入生死，成就究竟良善美好的心，這才是正確的。

年紀漸長，看著身旁的朋友一個一個離去，知道自己也終將面對死亡，所以要把自己看個清楚明白，將生死通透一如，所以要隨時準備好可以面對死亡。

　　我們人的一生終將是要面對死亡的問題，一般人面對死亡有幾種態度，一種態度是很痛苦、很畏懼，這種態度是一般凡夫的態度。

　　另外有一種人，對死亡很喜悅，他們認為死亡是不得了的喜悅，所以，死的時候要大家慶祝一番，這樣好像也不好。中國比較少這種人，但印度有些外道，他們對於死亡感到很歡喜。像溼婆或大自在天，因為，大自在天是死亡之神、輪迴之神，也是毀滅之神，死亡對他來說是一個極大的力量。輪迴、毀滅之神，在印度來講也是重生、再生之神。毀滅對他來講是生的開始，這種態度我們可以體會了解，但是不要像他們那樣去慶祝。

　　另一種更可怕的態度是將死亡當成手段來恐嚇人，整個人類歷史都是輪迴在這種以死亡為手段，被恐嚇的恐懼之中。不清楚地了知死亡、超越死亡，就會被死亡恐嚇。

　　還有的人，認為死亡很了不起，死是上天堂的事。像兩伊戰爭，伊拉克跟伊朗的戰爭到最後，伊朗的女性們拚命生孩子，讓孩子上戰場，生孩子讓孩子死，她們認為這是對國家、

對上帝最好的貢獻。所以，孩子們常常十歲、十二歲就上戰場戰死了。很多回教激進派分子都視死如歸，帶炸彈上飛機，造下大惡業，還認為這是上天堂的事情。碰到這種被洗腦過的人，我們還是遠離一點。

日本奧姆真理教也差不多是這樣。要做他們的教徒要有超能力，怎麼訓練呢？戴帽子，用電擊將人洗腦。先問受試者：「你有沒有超能力？」若說沒有，就電擊一下。再問：「有沒有超能力？」又說沒有，再電擊一下，如此電了十次以後，問他：「有沒有超能力？」他就說有了。對看到異相的訓練也是如此，先問他：「你有沒有看到光？」「沒有」，電一下：「有沒有看到光？」「沒有」，再電一下，如此電到第五次之後，再問他：「有沒有看到光？」都說看到了，而且真的相信有，真的相信看到了。還有靜脈注射法，在頸部注射大量的水，不能電解時，也會看到很多奇怪的幻相。注射毒品也會看到幻想，如此，就算沒有超能力也會變成有超能力。超能力的最大表徵就是每一個人都不怕死，重大的事完全效忠領袖，這是靠洗腦的方法，很可怕的。

台灣現在也流行這種東西，大家要善加抉擇，強調神怪的教派就不要去參加，強調他們導師有什麼厲害的特異能力，也不要理會。還有人說去加持頭會發麻的，用靜電也可以做到，

有的學生神秘兮兮地告訴我：「老師！我去加持會麻吔！」我說：「很簡單，你過來我拿電電你，麻的更厲害，還會把你麻死。」這些東西都是很奇怪的，不從心的解脫去了解，只是以一種神秘外相惑人。有人說開悟會發麻，但發麻一定是開悟嗎？這是伴隨的現象，若沒有心的如實了解，這都是虛幻的。

大家不要迷信神怪的東西，這些東西不好玩，而且沒有用。有的人自稱是「南無某某佛」，佛典上也找不到這個佛，不知道從那裡冒出來的，那些境界都是很奇怪的。佛法就是佛法，是以三法印為中心的法。如果是以信仰為中心，強調神通的教派，請大家要詳細檢查，如果不行的話要馬上棄絕，不要把自己的生命投入，以免落在無明輪迴裡面。

正確面對死亡的態度

如何才是正確面對死亡的態度？

我們不必歡喜死亡也不要遠離死亡，因為死亡對一位修行人，對一個能在最後有所了悟的人來講，就是一場悟境，是解脫一期生死的悟境。

不能夠了悟死亡的人，不能夠正見死亡的人，就不能夠了解無生的道理。在此，我要對「無死」作一重新的定義。密教有所謂「無死瑜伽」，但是，絕大部分要修這種無死瑜伽的，

正確的理解死亡是一個生滅對待的現象

或是想成證蓮華生大士無死虹光身的人，大部分在根本處就錯了。為什麼？因為他們是用畏懼死亡的心來修無死。無死絕對不是以畏懼死亡的心來修練可以得到的。

畏懼死亡的心就是生滅的心，有生必有死，所以，不可能無死，無死的瑜伽，無死虹身的修鍊必須建立在對死亡深切的了解之上。不知死亡者，無以了知無生；不知無生者，無以了知無滅；不知無滅者，無以了知無死。

初期，我們對死亡要驚畏是正確的，因為對死亡驚畏，會對生命產生尊重，但是，如果只是單純驚畏的話，那就是一般的凡夫了。對死亡驚畏是一種世間的道德，我們驚畏死亡，不願意自己死亡，不願意自己死亡的人，就會害怕看到別人死亡。有些凡夫或外道，訓練到最後不驚畏死亡，甚至有些殘存在很原始莽撞的生命型態裡面，根本對自己生、自己死完全不在乎，就像無知的小孩，根本不知道怕死。這種不怕死本身是對死亡的無知，而不是真的不怕死。我們驚畏死亡不能像這樣子，這種不怕死亡是很深很深的無明，這種無明比一般驚畏死亡的凡夫更加可怕，更加可憐。

剛開始我們要驚畏死亡，驚畏死亡的人才不會落入地獄、餓鬼、畜生三惡道，因為我們尊重生命。驚畏死亡之後，我們要了悟死亡，正見死亡，正確理解什麼是死亡？最後會發現：

死亡根本不是我們想像中的那回事，它只是一個生滅對待的現象。

先從正見死亡著手，以正確見地了解死亡，慢慢地產生體受，了悟死亡。我們隨時隨地了悟，先在正知見上產生覺受，了悟了，到最後超越死亡，證於涅槃。涅槃是遠離生亦遠離死，而不只是遠離死亡而已，遠離生死，所以「不受後有」。佛法沒有辦法直接安立在「永生」上面，也沒有永生這個概念，因為永生也是落在生死之中，它是錯謬的想法。

進入禪悟的死

佛法的無死，是必須立足於超越死亡之後，重新再回入紅塵，已經遠離生死，但為了大悲的緣故，如幻地在世間再現起。這是一個大悲心的趣入，所以，能從超越死亡裡面再生起無生之生。

無生之生，這是如幻的，所以它絕不只是輪迴的生。

我們這樣來看待死亡，就能夠進入禪悟的死。什麼是「禪悟的死」？我們知道自己即將死了，先看看我們自己，檢查自己的心，其實不是這時候才檢查，這是總檢查，之前是隨時隨都要檢查。

我們看看自己的煩惱死了沒有？貪死了沒有？瞋死了沒

有？痴死了沒有？如果煩惱死了，它還有沒有習氣？死是停息的意思、轉換的意思。

有些修行人很有趣，看到盤子破掉了，他可能叫：「這盤子怎麼死掉啦！」因為在這時，他心已經練得很深，與外境相融相入。在這邊，死亡變成了一齣黑色幽默喜劇，這種幽默喜劇不是要慶祝死亡，而是一個將死的人本身能夠把他的死亡變得讓人家除了傷感之外，有更深刻、更加細膩、更加超越的體會。一個修行成就的人，在死的過程中，也是在玩一場名之為死亡的遊戲而已。

傳說金碧峯禪師很喜歡一個皇帝賜的紫金鉢，某日，他的年歲已經盡了，鬼卒要找他，卻一直找不到他，這些鬼卒想：「怎麼辦呢？不能交差。」就去找土地公商量：「我一直找不到禪師，沒辦法交差，怎麼辦呢？」土地公就幫助他想辦法：「這個禪師什麼都不怕，對什麼都沒有執著，所以說你找不到他，他不能被一般鬼神找到中陰身。但是他喜歡那個鉢，你去把那個鉢搖晃，讓它好像要掉到地上去，他一緊張，你就抓到他了。」

鬼卒就真的回去搖桌子，讓鉢幾乎要掉下去了。本來金碧峯禪師行住坐都在三昧當中，都在無相的三昧當中，唯獨對那鉢有很深的執著與感情，一看鉢要掉下去了，就趕快去扶，他

心一動，相就顯出來了，鬼卒好高興：「抓到了！抓到了！跑不掉了。」禪師很奇怪：「我修無相的三昧應該成就了，鬼神是看不到我的，你現在怎麼會抓得到我呢？」那鬼卒就得意洋洋的把土地公的計劃說了一遍，那禪師聽了：「哦，原來這樣子。」手一放，鉢就摔破了，禪師也就消失了，鬼又捉不到了。

這是一個寓意的傳說，大家不必當真，可以把它視為跟煩惱鬼躲迷藏的遊戲。我們自己臨死時，有沒有這個能力和煩惱鬼躲迷藏呢？這是很有意思的。檢測自己的修行是禪師的遊戲，到最後煩惱鬼來的時候，看見自己有沒有煩惱？有一點煩惱，就被抓走。

鄧隱峯禪師，有一次看到兩軍在打仗，他想調解，就顯示神通，飛到天上去，大家看到一個和尚飛到天空去，心想：「人家都會飛了，我們還打什麼？」就各自回家了。在中國的一個傳統中，顯現神通只有兩種可能性，一個是示現瘋行者，像濟公一樣；第二個是要準備入滅了，否則有妖言惑眾之嫌。鄧隱峯很調皮，他想：死也要死得特殊一點。所以，他想想看，研究的結果，有一種方法沒有人死過——倒立。這更是高難度的死亡，結果，他真的倒立而死，別人推也推不倒。最後他的妹妹過來，一句話加一個拳頭，就把他推倒了。她說：

「你還在這邊妖言惑眾，誆亂眾生。」這句話就像劍一樣把他的破綻截破了，再一推，砰一聲，禪師就倒下去了。

這些都是很好的死亡遊戲，如果死得這樣漂亮的話，也不枉此生了。

從禪悟的死再提出：「無死中的悟境」與「悟境中的無死」。

在生死相續，念念不斷當中，我們都是生滅生滅的相續。但是，若能如《金剛經》中所言，了悟無住生心，以無所住而生心，那麼念念已經是清淨，而不是死亡。

所以，悟中人的深刻體會，隨時隨地安住在無間流水三摩地中，這是在悟中，沒有生死，密宗有特別傳下法門可以轉化身體成就虹光身來作為無死，這也是一種方便。道家有所謂「風三昧」的修法，將整個身體能夠轉化成風相：聚而成身，散而為風，日照無影。整個身體是風三昧的現象，日光照無影，因為整個身體化成風。聚合成身，散而為風，這種風三昧，我們也不要以為他必定解脫了，只要到達四空定以上的境界都能如此自在。

像密宗所講的虹光身，有人說這已經成佛了，一般而言，對初階的人來講可以接受，但是，究竟而言，我們還是要小心地檢證，畢竟在這一期佛法當中，只有釋迦牟尼成佛。我們

可以說虹光身是證得很高的境界，可以把它當作在悟得無死之後，漸漸穿透到我們的呼吸，將凡夫的呼吸轉變成「智慧息」，轉化中脈，中脈轉化七輪，使我們的七萬二千輪脈都能開展，到最後把每個細胞都轉成光蘊，虹光身應該是這樣來的。

不要被控制而無奈的死亡

我們可以和朋友相約：大家死的時候互相通知一下，而且將閻羅王矇騙過去，不要被閻羅王吃掉了；如果到閻羅王那邊，則要成為降服閻羅王的大威德金剛。閻羅王與大威德金剛兩者其實是一樣，只是一個是消滅閻魔的，一個是被閻魔抓走的。

像大輪金剛有兩面，大輪金剛就是西藏的六道輪迴圖。圖的最中間是一隻雞或是鳩，一隻豬，還有一條蛇。各代表眾生的貪、瞋、痴，雄雞代表貪，蛇是瞋、豬是痴。再來，右邊是惡業的轉動，一邊是善業的轉動，所以，裡面像鬼被倒懸，這是地獄道。另一邊是善道的。那麼，再外面是六道輪迴，最上面天道，最下面地獄道，右邊是修羅，左邊是人。再來是餓鬼、畜牲。就是這六道。最外邊是講十二緣起：無明緣行，行緣識。外面這一尊不是閻羅王，是大輪金剛，代表一切眾生跟

法界的輪迴體性。這個圖有兩個意思，我們一轉動，無明一轉動，就是輪迴的體性，如果從老死轉動迴轉還淨，照破無明，這就是清淨的歷程。輪轉與還淨都是我們一心所成，我們不要轉動無明，如果到地獄，只有一個理由，就是去學習地藏菩薩，要死則是大威德金剛之死，而不是一種被控制、無奈的死亡。

即興的死和計劃的死

禪悟的死有一種即興的死，另一種是有計劃的死，即興的死是感覺時間到了就走了，有時候因緣來了，沒有辦法。在明朝，有些禪宗行者參與一些僧務也算是當官，清兵入關，這些行者也被抓走了，準備要問斬。生死自在的行者，可能明天要斬首，他今天就先走了。這是即興的走，要生死自在才有辦法。

但是，生死自在的同時要了悟實相，否則，很可能即使可以控制生死，但是也沒有解脫。道家可以神咒脫身，可以出陽神。當神仙去了，但還是沒有解脫。在《楞嚴經》裡面提到十種仙，就是可以生死自在，但是沒有解脫。對剛開始學佛的人，我們當然要讚歎生死自在，但是隨著我們智慧漸深，也要了解到更重要的。

大輪金剛的六道輪迴圖

以舍利子為例：第一層佛法當然是跟大家講說：「啊，真的很好，死的時候燒出舍利子，很了不起。」但是，就更深的佛法而言，要知道這不是很重要的，最重要的是心的解脫。

有些阿羅漢死後燒出舍利子，而有些也是燒不出舍利子，不要以為每一個阿羅漢都可以燒出舍利子。但總約而言，有舍利子的修證程度會比沒有舍利子好。所以，即興式的死亡除了生死自在之外，背後一定要有解脫的心，解脫的見解，解脫的證量，這樣的即興的死才有意思，這樣生死自在才有意思。

另外是有計劃的死亡，可以藉這個死亡來轉化我們的心，就像薪盡火傳一樣，用這一個死把我們的薪火傳到下一個，讓我們的死很有價值的來教化眾生，讓我們的死轉化到下一生裡面，脫離掉這一生已經形成障礙的身體，來救度其他眾生，這就是大悲中的作用。

你應了知的死亡世界

我們要對死亡有正確的了知，現在有很多指導如何幫助死者的死亡指導術。這些我們可以參考，但是要了解它的緣由跟道理，不要只是落在公說公有理，婆說婆有理，在一些小枝小節上打仗。一般顯教行人，大多主張人剛死時絕對不能碰，尤其是剛死後八小時之內，一般佛教徒也都接受。但是在密教裡，也有不同的主張：在死的時候，可以請上師壓頸部的脈搏，讓氣能夠重來。

為什麼會有這些不同呢？因為傳承不同。現在將各種不同傳承的道理講清楚，大家就可以了解，其實它是沒有衝突的。

一切的佛法都是講理與事，一切示現的現象都是理事相合的，如果沒有掌握到大原則，而依據那些小枝小節來做的話，會造成很多煩惱，很多衝突，到最後不知如何是好。

什麼是中陰身？

死後八小時不能移動死者的問題是後來才有的，它的緣由

是：人死後到底有沒有中陰？從這個問題開始的。

人死後到底有沒有中陰？在佛教中一向都有不同的看法，所以我們先不討論死後有沒有中陰的問題。現在一般人的觀念是死後有中陰。中陰會投胎，它往何處投胎？這個問題是值得探索的。

如果死後有中陰，哪些生命有中陰？哪些生命沒有中陰？這也是值得探索的。中陰到底是什麼？有哪些有中陰？哪些沒有中陰？

有一些密教行者說：「釋迦牟尼佛是在中陰身成佛的，因為他生前的時候沒有證得虹光身。」有這樣的說法。為什麼要特別提這種說法？因為這種說法不對！釋迦牟尼佛根本沒有中陰身。哪些人有中陰身呢？首先，有生死相續的凡夫，大致上都有中陰身，所以人、阿修羅、地獄、餓鬼、畜牲這五道的眾生都有中陰。我們人有中陰，阿修羅有中陰，餓鬼有中陰，地獄有中陰，畜牲有中陰。

中陰不是鬼，這個觀念要先弄清楚。鬼也有中陰身。中陰是為了建立生死與生死相續不斷之現象的一個中途生命形態。鬼的身相跟中陰的身相是不一樣的。人死後的中陰，我們一般看到的形象是像五、六歲的透明小兒。中陰身如果投生到餓鬼道去，那就變成我們看到的餓鬼，或投生為多財鬼，現在一般

世間的鬼神都屬於多財鬼，像土地公就是屬於多財鬼。我們一般認為的餓鬼其像是肚子大大的，喉嚨細細的，整個身體就像燒黑的木頭一樣，就像衣索比亞的孩子。

天道的眾生大部分沒有中陰，除了欲界有中陰，色界有中陰，到了無色界就沒有中陰身了。

中陰身是由什麼組成的呢？如果用我們現在一般的觀念，多認為中陰身是精神體。但如果是純粹精神體的話，就無法以肉眼看見，而且無色界也會有中陰身，但實際上不然，中陰身是精神與色質的混合體，但他的色身屬微細色，是由較細的粒子組成的。四禪則是由印象中轉出清淨的色相，四禪中陰也有由此淨色所轉出的清淨轉身。

所以，中陰身是可以被看到，表示他是物質現象，只是很微細、很微細的物質，越高天界的相，越細越廣大，越光明、越亮，身體愈輕；反之，越低天界則越重。已經解脫生死的阿羅漢是一定沒有中陰身的，但是菩薩有沒有中陰身呢？可能有。如果菩薩要不斷的現身轉世的話，那麼，他就有中陰身。或有說：「菩薩的中陰，尤其是從兜率天要下生的菩薩，其中陰宛如盛年中人，而我們一般人間的中陰，則是宛如六歲的小兒，體相不一樣。」

阿羅漢沒有中陰，以下的例子，會幫助大家更正確的來理

解，這是四禪比丘的故事。

有一個修行人的禪定力很好，已經修到四禪，但是他對禪定跟解脫產生了錯謬的見解，誤以為達到初禪即是證得初果，二禪是二果，三禪三果，四禪四果，所以，他證得四禪，就以為自己已證得四果，證得阿羅漢。證得阿羅漢是沒有中陰身的，因為他不受後有了，就不需要中陰身了。

但是他臨死的時候，四禪中陰顯現了，這個比丘看到四禪中陰嚇了一跳，心想：「我怎麼還有中陰身？那表示我還沒有解脫，還沒有涅槃。釋迦牟尼佛騙我！」他就很生氣、憤怒。

四禪中陰完全是靠定力而成的，強烈的瞋恨一生起，把他的定力整個破壞了，定力破壞了，四禪中陰就壞了，現起地獄，這個比丘就直接掉到地獄去了。

瞋恨是很厲害的，直接破壞定力，所以阿羅漢是沒有中陰身的。

中陰的種類

四禪中陰是什麼？《俱舍論》中建立四種中陰的種類：「生有中陰，本有中陰，死有中陰，中有中陰。」

在西藏的《中陰救度法》中則將中陰分為六種中陰，他將生有分成三種：一是生有中陰（現前中陰），一是禪定中陰，

活著的時候

現前中陰
我們目前存在的時期

夢中中陰
睡夢中的時期

禪定中陰
禪定中身心變化的時期

死亡的時候

死有中陰
臨死到死亡的時期

實相中陰
死亡後意識迴醒,中
陰身出生活動的時期

中有中陰
死後到未投胎的時期

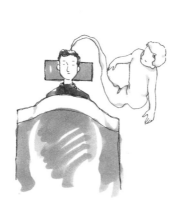

「中陰救度法」中的六種中陰分類

一是夢中中陰。我們現在活著時有三種中陰。死的時候有三種中陰。

死有三陰、實相中陰與中有中陰。中陰即是一般我們所認為的神識身，有人稱之為靈魂，這是錯謬的看法，佛法不承認有一個不變的靈魂的，而是不停變化的神識，大約可分成這六種狀態。

「修行之人不識真，只因從來認識神，百千萬劫生死本，痴人喚作本來人。」其中指的就是識神。我們現目前存在的時期是現前中陰，但是由於這生有中陰促使了我產生自我執著，構築成意識，假名色建立六入，圍四大虛空以成為我。所以我們的煩惱、生死的習氣，在我們現前的地、水、火、風、空之中，它產生強力作用。所以，我們出生時，隔阻了我們的直接作用。

我們平常這個中陰存有，比較屬於受想行識，我們整個意識都是儲存在這中陰身當中，強力的儲存在我們潛意識裡面，這不是說這色身是別立的，而是說，我們主體性的導引會比較弱。

夢中中陰是指我們在作夢的時候，身體暫停作用。雖然有時候我們的中有還是會跟其他五根相應，跟地水火風相應，這時所作的夢境就跟身體有關的。

如我們睡覺時，棉被纏著身體，這個纏著身體的訊息，在我們細胞裡面會被極度的放大，結果，我們在夢中就會以為是被一條大蛇纏住，這是和其他五根相應的夢。但是，大部分的夢境，有些是我們白天殘存習氣的直接投射，有些甚至是我們的習氣完全投射，這是因第七識直接作用而產生的，它遊想的空間是第八意識。這是很複雜的，以後如果有機會專談夢的話，再來深入探討。

夢境本身的深層結構，比我們白天所見到的相互關係還密切。在夢境當中我們可以很自由，我們的心是很自由，所以可以在夢中訓練生死自在。

如果在生前要模擬死亡，一定要訓練自己如何作夢，這是最直接的方法。因為夢中的中陰跟中有中陰完全類似，如果夢中看到地獄，大概將來死後看到的東西也一樣。地獄不一定是實有或非實有，它是因緣所成。地獄的刑具會隨著時代改變，現在地獄會有電椅的，也會有電擊。因為，人類的意識有這些東西。在地獄裡面就是自己找自己麻煩，所以，惡業現起的時候，就把自己曾經想過很恐怖的事情，直接在夢境裡產生作用。所以，中國人的地獄跟外國人的地獄不見得一樣，但是看到的會不一樣。

禪定中陰是很有意思，我們現在在欲界禪定的時候，還是

欲界中陰，但是我們在未到地定的時候，以心眼觀察，身體會消失，這就是禪定中陰在轉換。身體消失的時候，不是我們欲界的中陰不在了，而是自己看不到，在現起的時候會產生另外一個作用，這時候欲界的禪定中陰會轉入色界禪定中陰。

欲界跟色界不一樣，欲界中陰，在道家就是陰神，色界的中陰在道家叫作陽神。在婆羅門教欲界中陰即是所謂的星光身，色界中陰就是性命身。再上去是屬於我執意識的作用，就是我執作用，純粹意識的作用。

禪定中陰在我們生前就會轉變，轉變之後，在我們身心會有感受，在我們的神經系統都會有刺激產生，這是禪定中陰，在生有的時候是這些中陰。

死有中陰，我們必須了解死亡是一個過程，它不是一個點，死亡是一個序列過程，它本身是地、水、火、風、空識的轉換，是暖、識、壽相離的現象。我們的生命有暖、有識、有壽，如果這三者相離，生命就如槁木，慢慢地死了。

在死有的過程，它是一個相續過程，不是一個點。對尚未完全死亡的生命現象，有人會說：「這是死了之後又再生了。」也有不贊同者，認為死了怎麼可能再生？如果我們了解：死亡不是一個點，而是一個漸進的過程，就會知道這是還沒有死透的現象。

死亡過程中六大的變化

在死有的過程中，我們的身體中的地大會沉入水大，水大沉入火大，火大沉入風大，風大沉入空大，空大一般感覺不明顯，再進入識大，識大完全離開，就是死了。這裡面有很多很奇妙的過程，我們在生病的時候會感受到，或是修行的時候也會感受到。首先我們的地大會先散，身體愈來愈堅硬，很難過；再來口乾舌燥，溫度逐漸的喪失，到時候看到什麼東西都想去摸，但是動不了。這個動作不是有意識的，因為到這裡意識已經進入昏迷狀態了。

有人說：人死後，冤死的眼睛都是睜開的，看到親人眼睛就閉起來，而且七孔會流血。其實這不一定是有意識的作用，可能有意識作用，也可能沒有意識作用，或只是他的生命習慣。

當亡者碰到一個他熟悉的人，他可能潛意識知道，雖然他已經沒有辦法分辨了，但還是會產生作用，就像嬰兒，有時候在睡覺的時候，做惡夢嚇哭了，有時候媽媽抱抱，孩子甚至沒有醒過來就靜下來了，因為他找到溫暖，感覺到安全，雖然他心意識沒有辦法分別，但是，他已經感覺到了。對於亡者也是如此，同樣的現象，他只是想摸你，不一定是有意識的，其實，一般來講，那時候神識都已經離開身體了，但神識離開身

體後，殘存在身體內的意識，還有一些作用，會產生這種狀況。到最後，意識完全離開身體，有時會產生一個現象：我們這一生一下子就像電影般快速地放映過去，整個生死的過程都會流轉而動，然後走了。走了之後，身體沒有感覺了。

這段時間，就《中陰救度法》來講，有的講三天半，有的講四天半。從真正離開，真的死了之後，直到實相中陰現起，這段期間就叫「死有」。一般說七七四十九天，應該是從這時候開始，從這一天開始算，這個過程很痛苦。

我們死亡只是重複生的動作，在生的過程，意識執取地、水、火、風四大圍成我們這個假身；在死亡的時候，這個執取的力量已經消失了，結果，地、水、火、風四大被釋放出來，意識離開，所以是身心、意識的轉動歷程。

認識死亡的過程

死了之後，「死有」很難超越，雖然「死有」那一剎那光明現前，但一般人較難掌握。

死有光明是法界光，又稱法性光，密教稱為明體。現起的時機有幾處：一是開悟時，但要注意：開悟時會伴隨一些現象，但並不是有了這些現象就是開悟。在開悟的剎那，念頭會斷滅，無念，身息俱斷，無念再生時，看這世間會完全不同，古德以「銀碗盛雪」、「露地白牛」來形容，看這世界變得很亮、很清、很晶瑩，這是法性光的現起，使我們對這世界似乎很熟悉，又很陌生，重新認識這個世界。也有的人開悟了並沒有這些現象，因為現起太快了而沒有察覺。

另外是在驚嚇時，也會產生法性光，如我們突然被嚇到，念頭斷掉，看到的世界很亮。還有要昏倒之前及死亡時都會有法性光現起。但是因為我們平常沒有專注在三昧，沒有安住在智慧中，所以法性光現起　那後就消滅了。在密教用的是「指示認取」，在這剎那能指示、認取，所以能明體相會，認知死

亡剎那所現起的死有光明。但是絕大多數的人連生前的光明都無法安住，何況是死後？因此在死有光明現起時無法認知法性，所以無法成證法身。

死後八小時不要移動亡者

死後八小時不要移動亡者的說法，應該是為了保護亡者，避免在死亡的這一段過程裡面，由於他人的妄動造成其身心的傷害。為了保護死者，所以，才鼓勵大家在亡者死後八小時之內不要移動身體。

這個主張在古代並沒有這樣明顯，印光大師他的看法是：「全身冷透了才能動。」他又在《臨終津梁》裡面講說：「全身冷透了再加二個小時比較安全。」弘一大師就直接說死後八小時。那麼，這個可以跟西藏的說法連結在一起。西藏人對處理死亡的經驗很豐富，因為傳承很嚴密。

死後八小時不動合理嗎？其實是很合理的。但是，這不是一定不准移動，要注意一下緣起上的問題，慢慢爭取我們的死亡權。如果因為堅持這個原則而爭吵，亡者恐怕更難過，對他有更大的擾亂。亡者的親人要特別注意千萬不要在死者身旁哭，在這死的過程中或許他能感受到，雖然他已經沒有意識了，但是，會感受到這樣的氣氛。

死後意識脫離身體的各種出口

《俱舍論》及《瑜伽師地論》都有提到死後意識從身體的某一個部分出去的話，各代表往那一個生趣投生。在最後全身都涼了，身體最後的熱度都集中在某個部位，由這個部位可以看出往生的生趣。如果這個部位是心輪以上的話，是往善道去的，越往下則是往惡道，這是初始的說法。但是在口述的傳承中，又劃分得更清楚：頂上成聖，眼睛生天，人心餓鬼腹，旁生膝蓋，地獄腳板而出。

有的說法是聖者從心口走，心口溫度最後減弱。根據《智者大師別傳》中記載：智者大師死時頂上猶溫，而且生前有交代弟子當他死時要怎麼做，這可能是在中國的死亡儀式傳中較完整的記載，後人受此影響很大。

西藏則分得更細，連各界天往哪裡走都寫出來，但因傳承中較完整的記載，後人受此影響很大。但因傳承不同，說法又不同。總的而言，心輪以上是三善道，心輪以下是三惡道。

中陰的生滅與自覺

人死後，死後六根不相應，中陰現起時，這時，會有依據我們人類經驗所次第現起的中陰現象，但請注意，這是依人類經驗所現起的，不一定是每個生命都相同。

《中陰救度法》裡面告訴我們第一天會現起何種本尊，第二天會現起何種本尊等，都是從相上來談，這會使一般人很困擾，因大部分的人死後都看不到這些現象。書上所說的並不是假的，但那是傳承的書，要受那些灌頂才會起這些現象，沒有受這些灌頂或沒有這種文化薰習，死後就不會現起這些現象。就像從沒見過阿彌陀佛，沒有這種意識的人，死了之後不一定會看得到阿彌陀佛。這純粹是我們身體五大在意識中投射的作用而已，密教的五方佛和我們一般的意義是完全不同的。

　　藏密的五方佛屬於對六大的認知，是將十方佛這方位上的佛透過六大義理的認知，象徵化的結果。在密教中的阿彌陀佛是紅色，但一般顯教是金光晃耀，這兩者並不衝突，因為密教只是藉阿彌陀佛方位上的佛轉到密教中。阿彌陀佛在體性相應來轉成此形象。

　　十方佛與五方佛不同，十方佛是屬於東西南北方位上的，五方佛是屬於地、水、火、風空之體性，是屬義理上的。密教五方佛是屬於我們內宇宙與外宇宙的統一相，內宇宙——地、水、火、風、空統一在意識當中，外世界，法界六大常瑜伽，熾然展現。我們在這個修持裡，修自身成證五方佛。

　　五方佛是如何成證的呢？我們的身體有地、水、火、風、空、識，我們修證成就，在理上有五大，在意識上修證成就，

成證五智，首先在金剛峰頂現起毘盧遮那如來，這是空大，意識把整個空大抽象成就。毘盧遮那現起後，會現四方四佛，四方四佛再化現四方菩薩供養毘盧遮那如來，毘盧遮那佛再化現十六菩薩供養四方四佛，整個自受用報身法界就赤裸現起，整個金剛法界光即是自身，亦是整個宇宙，整個宇宙和自身完全統一。

這時，我們會發現：原來我們一切修持成就是來自自性中的佛性，這是本初佛，可以胎藏本初普賢來代表。金剛界和胎藏界是不同傳承的，會通而言，胎藏界是我們的佛性，即本初普賢，即因地毘盧遮那佛。

如果以五大來表達。在死後的第一天、第二天、乃至第五天，也是地水火風空五大的變化過程。即使我們證到初禪也是這種現象，十六觸就是地水火風五大變化的過程。

第一輪中陰身的現起，七天生死一次，簡而言之，是意識很快速地經歷地水火風空五大的變化過程。

這時現起的死有光明是，強烈、有力、清淨、渾厚的，但由於我們的下劣心，遇此光時反而害怕要躲到暗淡的光裡。

伴隨此清淨光明現起的是另一種灰暗、不清淨，有引誘力的模糊曖昧之光。

中有死後的境界

人死後的中陰身，每七日一生死，最晚到七七四十九日，必得去投胎，在這四十九日裡，中陰會見到各種光明、境界，因而心生喜愛或佈畏。這都是生前意識的投射，所以每個人見到的境界都不相同，但其中也有共通之處。

在這四十九天中，法性光明會現起。但同時也有使生命繼續輪轉的六道光明現起。由於法性光極為強力、渾厚，中陰反而心生怖畏，無法認取、得證解脫，極想躲入六道模糊的光明中，如此便投生六道，繼續輪迴。

在初七第一天，空大清淨的藍光現起，此時若不能認取而執著輪迴的話，則會被相應於天道產生的昏暗白光所吸引，投生到天道。

第二天，水大清淨的白光現起，若不能認取而執著，則會被相應於地道的烟霧色暗光所吸引，投生於地獄。

第三天，地大清淨的黃光現起，若不能認取而執著，則會被相應於人道的淡黃色光明所吸引，投生於人道。

第四天，火大清淨的紅光現起，若不能認取而執著，則會被相應於餓鬼道的模糊，紅光所吸引，投生於餓鬼道。

第五天，風大清淨的綠光現起，若不能認取而執著，則會被相應於修羅道的暗綠色光明所吸引，投生到修羅道。

第六天，五智契合清淨光明一起現起，若無法認取而執著，則會被相應於六道輪迴的光明所吸引，投生於六道。

第七天，識大清淨的光明生起，若不能認取而執著，則會被相應於畜生道的暗藍色光明所吸引，投生到畜生道。

由於各派傳承不同，所以講述的情形也都不同。

在第二輪，即二七，由於業障很強烈現起，有兩個現象會強烈地來侵擾，一是眼根的力量，一是耳根的力量。在這裡面持香的力量，也就是鼻嗅的力量也很重要。眼、耳的作用會強力地聳動你。在眼根上，會有很強力的光明讓你恐慌，裹足不前，惡業捉著你，讓你逃不掉，耳根上會有如同千個日輪、千個地球同時轉動的聲音振動，讓人極度恐慌，這時要安住。

在第二輪，現起的是忿怒本尊，會現起很多奇怪的現象。但我們要了知其體性是清淨的。那些讓我們感到好的、想去的地方，不一定要去。這時，我們心要動時要馬上了知這點，心要回來，心放下來，安住體性中，心放下，一切妄念放下，使心不染著、不執著，觀空，這時外境會突然寧靜下來，我們的六根也會很明利，才能看清楚那一條路才是該走的，不會被強力之光所嚇退，因為所生的光明不會比它弱。

接著三七、四七、五七、六七，中陰越晚走，越到後面境界越糟，在這些過程中都有可能會投生，重要的是要自我決

定，這是死有中的自覺。要生死自在，建議大家要從夢中開始修鍊。

轉世自在的口訣

　　修習夢幻光明，首先要了知我們的身心是如幻的，在夢中亦如幻，我們現在的身和中陰的身完全無二無別。夢中的身和平常的內身相較之下是比較虛幻的，但我們這個看似存在的肉身，也是夢的串習所成。以桌子為例，如果把桌子切成一千億片，把它分散在一千億個空間，那麼我們在這裡看這一千億分之一的桌子，它幾乎是不存在的。相反的，如果把這一千億片疊在一起壓縮，它就變得很實在了。

　　夢中的們我和現實的我們，在體性上其實沒有差別的，不過是因為現實的我們猶如那重疊一千億次的桌子，變得很實在。為什麼呢？因為夢的執著使我們產生業力，業力生出善惡眾相，與其他生命相應而產生共業。現前，不過是夢的串習；夢，不過是現前的投射。

　　夢中修行，首先須了知如幻，再來要夢中知夢，接著要能夢中做主，最後現起夢幻光明。如果能修習到前三者，就能生死自在了。密勒日巴祖師曾傳下「合、轉、融」三口訣。

　　合：我們現前修行，如我們念阿彌陀佛念得純熟，臨死一

念與阿彌陀佛相應，如此必然往生極樂世界。

　　轉：當惡境現起時，我們馬上觀察惡境是空是如幻，能看清其體性，使它成為極樂世界，現起的惡果，來討債的怨親債主，都是極樂世界的聖眾，觀清楚、想明白就把它轉掉了。

　　融：惡境、善境根本體性一如，我們與阿彌陀佛體性一如，皆是性空如幻，我們為何不能現前於極樂世界，和阿彌陀佛融為一體呢？

　　這就密勒日巴祖師所傳的「合、轉、融」轉世自在的口訣。這個口訣我們現前也可受用，看到惡境現起時，把它轉掉，一切聲音皆是念佛、念法、念僧之音，遇到好境界就和其相和，融於境，一切體性清淨本然。

計畫莊嚴之死

我們問問自己：「假如明天就要死了。現在已經準備好了嗎？所有的事情都交代好了嗎？」

接著，再問：「死後決定要去哪裡？」

生前死後就是這回事，把生前交代好了，再來決定死後要去哪裡。

先寫好遺囑

生前把一切交代好是很重要的。如果可以的話，最好把遺囑寫好，先寫好遺囑是一種道德，免得造成家人的紛爭。一般中國人都不太願意觸碰這個問題，很少人有先立遺囑的習慣。事實上，不先把遺囑寫好，很多事來不及交待，這是很麻煩的。

先寫好遺囑，免得臨死的時候，一想：啊！還有一些事情忘了交待，想再開口也不可能了。所以我們要趁在能交待清楚時交待好，免得等到死時措手不及，先把事情逐一交代清楚。

尤其是老年人，大概都知道自己差不多那時候會死，最好先寫好遺囑，寫好之後就不管了，因為死後就是孩子自己的事情了。

現在就先寫好遺囑，寫好之後不要三心二意，改來改去。如果自己的未來變動比較大，或意志較不堅定，可以改一下。

我二十幾歲時就開始寫遺囑了，那時因為要一個人獨自到深山閉關，不知道上山閉關後會不會回得來，所以就先把遺囑寫好。現在看看自己當年寫的遺囑很有趣，每一次寫遺囑都是對自己一生到目前的檢討，看看自己做了什麼事情，還有什麼事情放不下。

遺囑對我們的生死而言是很重要的事情，它是幫助我們好死的一個利器，先寫好遺囑，可消除心中的忐忑不安，看看自己還有什麼沒交待好，而且對世間也盡了責任。

年輕人也可以寫遺囑，還可以一年寫一次，內容不一定相同。有人說：「發願不可以常常換」，我認為不然，只要我們新發的願比舊有的願圓滿就好了。我們的智慧越圓滿，願也就更圓滿，遺囑也就寫得更好。或許後人還會把這遺囑拿來研究，讚歎你的修行境界真高，文辭優美。為了讓大家放心的緣故，建議先寫下遺囑，不但現在放心，走了以後更放心，現在就可以很輕鬆，什麼時候死都沒有關係了，已經交待好了。

半年寫一次的話，可以多達一百八十幾份呢！也有人為了怕他人偽造遺囑，引起紛爭，寫完後一張遺囑，就把前一張毀壞。這都可以，重點是先把遺囑寫好，把生前的事先交代好，免得死後遺憾，害了別人也害了自己。沒交代好的話，要走時即使是感覺一件事沒有交代完，心也會掛在那裡。我們要多照顧自己，對自己慈悲一點，讓自己好好地走，不要在往生之路上放一個大石頭。

決定死後要去哪裡

生前要計畫死後準備去哪裡，但這不是說不可以換地方。好比說，我今年想去美國，但不是非去不可。明年也可以改去紐西蘭。也許今年想去極樂世界，明年覺得妙喜世界比較好，也是可以換地點。但是，如果每年換的話，大概每個地方都很難申請進去，申請護照還是要花點時間的。我們可以自己決定，不是不可以換，但是也不要常常換來換去。

選擇往生淨土是偏向易行道的路徑，也可以走迴入娑婆度有情的難行道，也許有人會說：「沒有生死自在，你還敢回來？！」如果是有這種發心的人，佛菩薩會幫助他的。但是，我們也要注意：對菩薩要公道一點，不要把什麼事都賴給菩薩。有些人要去山上修行，他心裡就想：「像我這種人，發願

去山上修行，一切龍天護法都要護持我，如果在山上餓死的話，這是沒有道理的。」於是什麼也沒有準備就上山去了。後來這個人真的死了，大家的結論就是龍天護法都沒有保佑他。其實，這是他自己的業障，跟佛菩薩、護法有什麼關係，這種有未來心的人還不少。

我們要修行是自己的事情，不能說自己這樣發心就好像有了特權，一切眾生都要護持。大家千萬不要有這種想法，這種行為連在《聖經》裡面都是很嚴重的，《聖經》裡說：「你不要試煉神。」更何況，《聖經》中的神還控制人的生死，但是在佛法裡面佛陀又沒有控制我們的生死，我們要去輪迴，不是佛陀叫我們去的，我們選擇修行，也不是為了佛陀，怎麼能把一切責任賴給佛菩薩呢？站在佛菩薩的立場，他必定是慈悲照顧眾生的，但是從我們的立場，卻不能因此把一切責任賴給他。

有人說：「你看玄奘大師去西天取經，路途那麼遙遠艱險，他都平安歸來。」我們不要忘了，當初取經的有多少人？一千個只有一個回來，其他人都成為路上的枯骨了。

也有人說：「你看廣欽老和尚去山上七年，都吃樹薯維生也沒有死。」這也是僅有一個啊！山上不知道有多少其他的修行人死了，只是沒有人知道，也許旁邊山洞裡的人都被老虎吃

掉了，只有他沒有而已。

　　或者有人問：「密勒日巴尊者十二年修行就吃蕁麻而已，不也是成就非凡？」我們回頭看看歷史上有多少人上山閉關？卻只留下幾個人的名字，其他人到那裡去了呢？

　　有人說：「這個世間只要有阿羅漢的話，沒有戰爭。」但是連釋迦牟尼佛的祖國都滅亡了，怎麼說沒有戰爭呢？這些傳說都是不合乎因緣法的，只是為了使一般初信佛的人產生信心。把它當寓言可以，但是不要把它誤用了。

　　佛陀在世時，男眾神通第一的目犍連，被外道亂棒打死，女眾神通第一的蓮華色比丘尼，被提婆達多一拳打死，這兩位都是大阿羅漢，已經到了神通第一的境地，卻都死於非命。看到這些偉大聖者，我們也不敢求好死。

　　修行是自己的事情，千萬不要賴給別人，自己的因緣果報自己要去承受。如果有這種賴給人的心，是沒有辦法正見自己煩惱根源的。

完成圓滿生命的計劃

　　我們現在要接受死亡，接受死亡是必須要教育的。死亡的教育有聞、思、修三個步驟，包括生理及心理的準備，以及決定死了之後到那裡去，把決定要去之處的護照準備好，申請條

件準備好，資料準備好，一切都準備妥當了，隨時隨地要走就可以走了。

這一生圓滿地結束之後，我們要開始計劃下一生。很多人都想去極樂世界，要去妙喜世界，或決定下一生還要回到娑婆世界。無論決定要去哪裡，最好不要等到臨死的時候，才知道自己要去哪裡，能夠生死自在最好，也比較沒有這個問題，如果沒有把握的話，最好在生前要好好計劃一下。決定要去某個世界之後，我們現在就要研究這個世界的經典，也就是佛陀的本願，這樣往生會比較有把握。（請參閱本社出版《關於死亡與轉世自在》一書。）

不管我們這一生過得如何，下一生尚未決定之前，都是可以改善的。生生世世，我們好好規劃，一步步地完成我們圓滿生命的生涯。

對一位修行人而言，生是決定在無生中受生，決定離於生滅之中，要了悟空性，了悟無滅，在無生中受生，了知一切如幻，現前無生，念念無生，空生大悲如幻，我們沒有一個剎那不如幻，現觀如幻，如幻現觀，現觀自在，自在現觀，剎剎那那皆是如幻生。

如幻現前現觀自在，因如幻現前，故能觀一切自在，善觀一切自在，現觀自在，自在現觀，這時，無論我們是要往生何

處，都能自在決定。決定往生淨土或迴入娑婆都是對的，一個是易行道，一個是難行道，一個是增長讚頌諸佛功德，一個是能從大悲中出生，與釋迦牟尼佛相應。

念佛是一切菩薩所共行，沒有菩薩不念佛，修到越高境界的菩薩越是念佛，念念不離佛，念念與佛相應，念佛雖是一切菩薩共行，但念佛的人不一定要往生淨土，他可以自在選擇，沒有菩薩不念佛，淨土菩薩更是要念佛，所以我們念佛要念念無間，念到是心是佛，是心作佛，最後以願力來決定走難行道或易行道，繼續我們的圓滿生命的旅程。

真 正 的 幸 福 始 終 來 自 智 慧

關於
前世、今生與來世

你想了解自己的前世今生嗎？
如何在今生觀察自己的前世呢？
如果你今生遇到了前世的情人，要如何面對呢？
本書將給提供全面的解答，讓你循著自己的前世，
揭開超越因果輪迴的方法，提出最正確的前世療法。

幸福必修學分指數★★★★★　　　　洪啟嵩◆著

定價：240元

真 正 的 幸 福 始 終 來 自 智 慧

生命大學

關於
死亡與轉世之路

我們如何正確地掌握未來的死亡之路？
而在親朋好友面臨死亡之時，
我們又如何幫助他們走向安詳自在的另一個旅程？
本書提供全面的解答，揭開死亡的神秘面紗，
讓我們可以自己規劃一套完美的生死計劃，
幫助自己與他人，共同超越死亡走向光明的轉世之路。

幸福必修學分指數★★★★★☆　　　　　　洪啟嵩◆著

定價：250元

真 正 的 幸 福 始 終 來 自 智 慧

生命大學

關於
決定自己的未來

現在的你，無論貧富或老少，
都可以好好善用我們所擁有的生命，
創造最有價值的未來。
利用本書，提供你更深層的思惟與觀察，
在圓滿的生涯規劃中，掌握時間與空間的因緣，
決定自己的未來。

幸福必修學分指數★★★★★　　　　　洪啟嵩◆著

定價：240元

全佛文化事業有限公司----出版目錄

產　品　目　□	定價	備□
〈密乘心要〉　　$1600/套		
藏密基礎修法與正見--殊勝的成佛之道	$250	
大圓滿之門--秋吉林巴新巖藏法	$350	
藏密仁波切訪問集--如是我聞	$320	
薩迦派上師略傳--佛所行處	$180	
噶舉派上師教言--大手印教言	$180	
民國密宗年鑑	$320	
〈佛經修持法〉		
1.如何修持心經	$200	
2.如何修持金剛經	$260	
3.如何修持阿彌陀經	$200	
4.如何修持藥師經（附CD）	$280	
5.如何修持大悲心陀羅尼經	$220	
6.如何修持阿閦佛國經	$200	
7.如何修持華嚴經	$290	
8.如何修持圓覺經	$220	
9.如何修持法華經	$220	
10.如何修持楞嚴經	$200	
〈蓮花生大士全傳〉　　$1880/套		
第一部　蓮花王	$320	
第二部　師子吼聲	$320	
第三部　桑耶大師	$320	
第四部　廣大圓滿	$320	
第五部　無死虹身	$320	
蓮花生大士祈請文集	$280	
〈談錫永作品〉　　$2620/套		
1.閒話密宗	$200	
2.西藏密宗占卜法(附占卜卡、骰子)	$450	
3.細說輪迴生死書(上)	$200	

4.細說輪迴生死書(下)	$200	
5.西藏密宗百問	$250	
6.觀世音與大悲咒	$220	
7.佛家名相	$220	
8.密宗名相	$220	
9.佛家宗派	$220	
10.佛家經論--見修法鬘	$180	
11.生與死的禪法	$260	
〈佛家經論導讀叢書〉　　$7680/套		
1.雜阿含經導讀	$450	
2.異部宗輪論導讀	$240	
3.大乘成業論導讀	$240	
4.解深密經導讀	$320	
5.阿彌陀經導讀	$320	
6.唯識三十頌導讀	$450	
7.唯識二十論導讀	$300	
8.小品般若經論對讀(上)	$400	
9.小品般若經論對讀(下)	$420	
10.金剛經導讀	$220	
11.心經導讀	$160	
12.中論導讀(上)	$420	
13.中論導讀(下)	$380	
14.楞伽經導讀	$400	
15.法華經導讀(上)	$220	
16.法華經導讀(下)	$240	
17.十地經導讀	$350	
18.大般涅槃經導讀(上)	$280	
19.大般涅槃經導讀(下)	$280	
20.維摩詰經導讀	$220	
21.菩提道次第略論導讀	$450	
22.密續部總建立廣釋導讀	$280	
23.四法寶鬘導讀	$200	
24.因明入正理論導讀(上)	$240	

25.因明入正理論導讀(下)	$200	
〈大中觀系列〉		
四重源起深般若	$390	
四重源起深般若（增訂版）	$420	
心經內義與究竟義（印度四大論師釋心經）	$350	
《聖入無分別總持經》對勘及研究	$390	
《入楞伽經》梵本新譯	$320	
《寶性論》梵本新譯	$320	
如來藏論集	$330	
如來藏經論研究（三本一套）	$1050	
〈白話小說〉　　$2010/套		
1.阿彌陀佛大傳(上)--慈悲蓮華	$320	
2.阿彌陀佛大傳(中)--智慧寶海	$320	
3.阿彌陀佛大傳(下)--極樂世界	$320	
4.地藏菩薩大傳	$380	
5.大空顛狂--濟公禪師大傳(上)	$320	
6.大空顛狂--濟公禪師大傳(下)	$350	
〈心靈活泉〉　　$3545/套		
1.慈心觀	$200	
2.拙火瑜伽	$280	
3.不動明王（目前缺書）	$280	
4.準提菩薩	$250	
5.孔雀明王	$260	
6.愛染明王	$260	
7.大白傘蓋佛母息災護佑行法	$295	
8.月輪觀	$240	
9.阿字觀	$240	
10.五輪塔觀	$300	
11.五相成身觀	$320	
12.四大天王	$280	
13.穢積金剛--焚盡煩惱障礙	$290	
〈佛教小百科〉		
1.佛菩薩的圖像解說（一）	$320	

2.佛菩薩的圖像解說(二)	$280	
3.密教曼荼羅圖典(一)---總論、別尊、西藏	$240	
4.密教曼荼羅圖典(二)----胎藏界(上)	$300	
5.密教曼荼羅圖典(二)----胎藏界(中)	$350	
6.密教曼荼羅圖典(二)----胎藏界(下)	$420	
7.密教曼荼羅圖典(三)----金剛界(上)	$260	
8.密教曼荼羅圖典(三)----金剛界(下)	$260	
9.佛教的真言咒語	$330	
10.天龍八部	$350	
11.觀音寶典	$320	
12.財寶本尊與財神	$350	
13.消災增福本尊	$320	
14.長壽延命本尊	$280	
15.智慧才辯本尊（附CD）	$290	
16.令具威德懷愛本尊	$280	
17.佛教的手印	$290	
18.密教的修法手印(上)	$350	
19.密教的修法手印(下)	$390	
20.簡易學梵字--基礎篇（附CD）	$250	
21.簡易學梵字--進階篇（附CD）	$300	
22.佛教的法器	$290	
23.佛教的持物	$330	
24.佛教的塔婆	$290	
25.中國的佛塔(上)--中國歷代佛塔	$240	
26.中國的佛塔(下)--中國著名佛塔	$240	
27.西藏著名的寺院與佛塔	$330	
28.佛教的動物(上)	$220	
29.佛教的動物(下)	$220	
30.佛教的植物(上)	$220	
31.佛教的植物(下)	$220	
32.佛教的蓮花	$260	
33.佛教的香與香器	$280	
34.佛教的神通	$290	
35.神通的原理與修持	$280	

36.神通感應錄	$250	
37.佛教的念珠	$220	
38.佛教的宗派	$295	
39.佛教的重要經典	$290	
40.佛教的重要名詞解說	$380	
41.佛教的節慶	$260	
42.佛教的護法神	$320	
43.佛教的宇宙觀	$260	
〈輕鬆學佛法〉		
1.遇見佛陀	$200	
2.如何成為佛陀的學生—皈依與受戒	$200	
3.佛陀的第一堂課—四聖諦與八正道	$200	
〈女性佛教佛經系列〉		
1.華嚴經中的女性成就者	$480	
〈密宗叢書〉		
1.密宗修行要旨	$430	
2.密宗的源流	$240	
3.密宗成佛心要	$240	
4.密法總持　　　　　　　　（精裝）	$450	
〈密教叢書〉		
1.大圓滿傳承源流--藍寶石（上、下一套）	$1300	
〈藏傳佛教叢書〉		
西藏(上)	$360	
西藏(下)	$450	
1.章嘉國師--若必多吉傳(上)	$260	
2.章嘉國師--若必多吉傳(下)	$260	
3.紅史	$360	
4.蒙古佛教史	$260	

全套購書85折　單冊購書9折（郵購請加掛號郵資60元）

全佛文化事業有限公司　　　台北市松江路69巷10號5樓

Buddhall Cultural Enterprise Co.,LTD.

TEL:(02)2508-1731　FAX:(02)2508-1733

郵政劃撥帳號:19203747　全佛文化事業有限公司

生命大學 4

關於結婚後的我們

作　　者	洪啟嵩	
發 行 人	黃紫婕	
責任編輯	吳霈媜	
美術設計	Mindy	
封面設計	莊心慈	
插　　圖	弓　風	
出 版 者	普月文化有限公司	

地址：台北市松江路69巷10號5樓

永久信箱：台北郵政26-341號信箱

電話：(02) 2508-3006　傳真：(02) 2508-1733

郵政劃撥：18369144　普月文化有限公司

E-mail：buddhall@ms7.hinet.net

http://www.buddhall.com

行銷代理　　紅螞蟻圖書有限公司

地址：台北市內湖區舊宗路2段121巷28之32號4樓

（富頂科技大樓）

電話：(02) 2795-3656　傳真：(02) 2795-4100

初　　版　2006 年 9 月

定價新臺幣　240 元